근교의 복권

지속가능한 삶과 이동을 위하여

RÉHABILITER LE PÉRIURBAIN

Comment vivre et bouger durablement dans ces territoires?

under the direction of Christophe Gay, Vincent Kaufmann, Sylvie Landrière,
 Stéphanie Vincent-Geslin

이 저서는 2018년 대한민국 교육부와 한국연구재단의 지원을 받아 수행된 연구임 (NRF–
2018S1A6A3A03043497)

REHABILITATING THE PERI-URBAN

근교의 복권

지속가능한 삶과 이동을 위하여

크리스토프 게이 · 실비 랑드리에브 · 아나이스 르프랑-모랭
클레르 리쿨라 · 리오넬 루제 지음 | 김태희 옮김

앨피

모빌리티인문학 Mobility Humanities

모빌리티인문학은 기차, 자동차, 비행기, 인터넷, 모바일 기기 등 모빌리티 테크놀로지의 발전에 따른 인간, 사물, 관계의 실재적·가상적 이동을 인간과 테크놀로지의 공-진화co-evolution라는 관점에서 사유하고, 모빌리티가 고도화됨에 따라 발생하는 현재와 미래의 문제들에 대한 해법을 인문학적 관점에서 제안함으로써 생명, 사유, 문화가 생동하는 인문-모빌리티 사회 형성에 기여하는 학문이다.

모빌리티는 기차, 자동차, 비행기, 인터넷, 모바일 기기 같은 모빌리티 테크놀로지에 기초한 사람, 사물, 정보의 이동과 이를 가능하게 하는 테크놀로지를 의미한다. 그리고 이에 수반하는 것으로서 공간(도시) 구성과 인구 배치의 변화, 노동과 자본의 변형, 권력 또는 통치성의 변용 등을 통칭하는 사회적 관계의 이동까지도 포함한다.

오늘날 모빌리티 테크놀로지는 인간, 사물, 관계의 이동에 시간적·공간적 제약을 거의 남겨두지 않을 정도로 발전해 왔다. 개별 국가와 지역을 연결하는 항공로와 무선 통신망의 구축은 사람, 물류, 데이터의 무제약적 이동 가능성을 증명하는 물질적 지표들이다. 특히 전 세계에 무료 인터넷을 보급하겠다는 구글Google의 프로젝트 룬Project Loon이 현실화되고 우주 유영과 화성 식민지 건설이 본격화될 경우 모빌리티는 지구라는 행성의 경계까지도 초월하게 될 것이다. 이 점에서 오늘날은 모빌리티 테크놀로지가 인간의 삶을 위한 단순한 조건이나 수단이 아닌 인간의 또 다른 본성이 된 시대, 즉 고-모빌리티high-mobilities 시대라고 말할 수 있다. 말하자면, 인간과 테크놀로지의 상호보완적·상호구성적 공-진화가 고도화된 시대인 것이다.

고-모빌리티 시대를 사유하기 위해서는 우선 과거 '영토'와 '정주' 중심 사유의 극복이 필요하다. 지난 시기 글로컬화, 탈중심화, 혼종화, 탈영토화, 액체화에 대한 주장은 글로벌과 로컬, 중심과 주변, 동질성과 이질성, 질서와 혼돈 같은 이분법에 기초한 영토주의 또는 정주주의 패러다임을 극복하려는 중요한 시도였다. 하지만 그 역시 모빌리티 테크놀로지의 의의를 적극적으로 사유하지 못했다는 점에서, 그와 동시에 모빌리티 테크놀로지를 단순한 수단으로 간주했다는 점에서 고-모빌리티 시대를 사유하는 데 한계를 지니고 있었다. 말하자면, 글로컬화, 탈중심화, 혼종화, 탈영토화, 액체화를 추동하는 실재적·물질적 행위자agency로서의 모빌리티 테크놀로지를 인문학적 사유의 대상으로서 충분히 고려하지 못했던 것이다. 게다가 첨단 웨어러블 기기에 의한 인간의 능력 향상과 인간과 기계의 경계 소멸을 추구하는 포스트-휴먼 프로젝트, 또한 사물 인터넷과 사이버 물리 시스템 같은 첨단 모빌리티 테크놀로지에 기초한 스마트 도시 건설은 오늘날 모빌리티 테크놀로지를 인간과 사회, 심지어는 자연의 본질적 요소로 만들고 있다. 이를 사유하기 위해서는 인문학 패러다임의 근본적 전환이 필요하다.

이에 건국대학교 모빌리티인문학 연구원은 '모빌리티' 개념으로 '영토'와 '정주'를 대체하는 동시에, 인간과 모빌리티 테크놀로지의 공-진화라는 관점에서 미래 세계를 설계할 사유 패러다임을 정립하려고 한다.

모빌리티 전환

'근교peri-urban의 모빌리티는 지속가능한가?' 모바일 라이브스 포럼 Mobile Lives Forum이 개최한 2차 국제회의(2013년 1월 24~25일)에 참석한 3백여 명의 연구자, 예술가, 실천가가 이 물음에 대해 고심했다.

이 책은 근교가 복권되어야 한다는 이 회의의 핵심 결론을 독자와 나누려고 한다. 근교는 불쾌하고 무미건조한 곳, 공간과 에너지를 낭비하고 자폐적이며 자동차에 의존하고 경관이 단조롭다는 이미지를 갖고 있다. 그러나 다양한 근교 지역이 이러한 정형화된 관념에 도전하고 있다. 우리는 '도시 대 근교'라는 무익하고 어리석은 비교에서 벗어나 지속가능한 발전이라는 측면에서 근교의 잠재력에 초점을 맞추어야 한다. 자세히 들여다보면, 근교가 지속가능한 미래 모빌리티를 형성하는 운동과 생활양식, 개인적 행동 방식을 기꺼이 받아들이고 있음을 알게 된다.

이 책은 이러한 결론을 나누는 교양서로서, 인터뷰와 도서비평뿐 아니라 지도와 차트를 활용하여 포럼의 프로젝트를 소개하고 전 세계 근교 지역이 겪는 변화를 이해시킨다. 근교 모빌리티의 미래를 성찰하는 것은 프랑스국유철도공사SNCF가 창립한 독립적 연구 및 교류 기관인 '모바일 라이브스 포럼'의 포괄적 프로젝트 중 일부이다. 이 프로젝트의 목표는 이동 및 소통에 굳게 뿌리내린 우리 생활양식의 변화를 이해하고 모빌리티 전환에 대비하는 행동을 권고하는 것이다.

현재 모빌리티 발전으로 인해 교통 정체, 불평등 심화, 기후변화, 자원 고갈 등의 이슈가 제기되고 있다. 이러한 때 우리의 작업은 모빌리티 전환이 (예상을 뒤엎고) 근교에서 출발할 수 있음을 드러낸다. 실로 이 지역은 향후 (개인의 열망에 부응하고 지속가능한 발전을 허용하는) 좋은 이동적 삶이 정착할 수 있는 장소이다.

근교에 대한 상투적 생각에 안주하지 않는다면, 이 책에서 근교 지역 사람들이 어떻게 살고 있는지 이해하는 열쇠를 찾아낼 것이다. 그리고 이 지역이 당면한 이슈가 무엇인지 좀 더 깊숙이 알게 되고 지속 가능한 모빌리티를 북돋우기 위해 행동할 것이다.

즐거운 독서가 되기를!

'모바일 라이브스 포럼' 회장

베르나르 엠셀렘Bernard Emsellem

지속가능한 모빌리티를 위하여

미래의 땅, 근교

리오넬 루제Lionel Rougé

조르주 페렉Georges Perec은 《공간의 종류들Species of Spaces & Other Pieces》에서 "도시를 너무 서둘러 정의하지 말라"고 경고하고 이렇게 덧붙인다. "도시는 너무 커서 오해하기 쉽다." 그에 따르면 시골은 "없다. 환영幻影이다."[1] 그럼 근교peri-urban 혹은 도농都農rurban[2]이라고 일컬어지는 프랑스의 현대적인 '공간의 종류'에 대해서는 무어라고 말할까? 그곳 주민에 대해서는 무어라고 말할까? 그곳의 전원도 환영이라고 할까?

---

1 G. Perec, *Species of Spaces & Other Pieces*, London, 1997, translation John Sturrock; 《공간의 종류들》, 김호영 옮김, 문학동네, 2019.

2 (역주) 'rural'과 'urban'을 결합한 'rurban'이라는 단어를 옮기기 위해 '도농都農'이라는 표현을 사용한다. 이 용어는 일반적으로 도시와 농촌을 아울러 이르는 말로, 가령 '도농복합시'의 용례에서처럼 도시와 농촌이 공존하는 지역을 이르기도 하지만 여기에서는 도시와 농촌이 겹치는 지리적 단위의 의미로 사용한다.

이 책은 모바일 라이브스 포럼 2차 국제회의의 발표 및 토론을 요약한 것이다. 이 회의의 주제는 "근교 지역의 모빌리티는 지속가능한가? 이종異種도시alter-urbain, 교외농촌suburban rural, 산재散在도시citta diffusa, 중간도시Zwischenstadt 등으로 불리는 이곳의 생활양식은 어떠한가?"였다. 이 회의는 전 세계에서, 그중에서도 특히 유럽에서 발달하고 있는 현대적 도시화 양상과 관련한 이슈를 해석하고자 열렸다. 교통과 도시 분야의 연구자, 예술가, 전문가의 생각을 토론하고 교류하는 자리였다.

근교 공간은 미디어에서 즐겨 다루는 주제로, 공적이고 정치적인 논쟁에서 점점 중요해지고 있다. 그러나 현재 방식으로는 지속가능한 도시 건설이라는 요구를 충족할 수 없어 보인다. 그것은 공간을 게걸스럽게 집어삼키는 방식이기 때문이다. 그리고 그 안에서 자라나는 생활양식은 고립과 과도한 개인주의(또는 이기주의)의 표현이다.

회의 초반 요아니스 드루아드Ioanis Deroide는 TV드라마가 근교 지역을 다루는 방식에 대해, 아르노 브레네토Arnaud Brennetot와 제라르 비야르Gerald Billard는 미디어에서 이 지역을 다루는 논리에 대해 발표했다. 이 발표들을 들어 보면, 이 저주받은 지역을 다루는 관점에 참신한 것이 전혀 없음을 알 수 있다. 대부분 1950년대와 1960년대 북미의 연구자와 언론인이 내놓은 나온 낡은 논리를 재활용하는 데 불과하다.

근교(들), 그것은 정확히 무엇인가?

프랑스를 비롯하여 전 세계에서 나타나는 여러 유형의 도시화 과정을 구분하지 않고 단수형으로 일컫기도 하지만, 이 책의 첫 장('근교, 그것은 정확히 무엇인가?')은 그것의 다양한 현실과 다양한 재현이 지닌 핵심 특징을 밝히고자 한다. 이를 통해 근교의 혼종적 형태가 드러난다. 점점 다양하고 복합적인 모습을 보이는 근교의 형태는, 이를 발견하고 이해하고 연구하는 데 널리 사용된 관념과 개념을 다시 생각하게 만든다. 이러한 형태의 발전 및 지속가능성은 도시 대 시골, 도회 대 농촌이라는 신화에 고개를 갸웃하게 만든다.

근교 지역은 빽빽한 도시와는 달리 무질서한 분산, 환멸, 과도한 낭비의 공간처럼 보인다. 마치 에너지와 농경지와 자연 공간의 포식자 같다. 특징도 없고 도시성도 없고 편의시설도 없는 이 지역은 정치적 무능의 상징이기도 한데, 이는 지방자치의 파편화와 유권자의 변덕 때문에 더 심각해진다. 이 지역은 교통수단 기술의 발전 및 단독주택 장려 정책으로 탄생했지만, 이제 닥쳐 올 경제위기, 사회 위기, 에너지 위기를 이겨 내는 데 적합하지 않은 것으로 드러난다. 이런 방식의 도시화 과정은 어느 정도 진정세를 보이고 있지만 여전히 진행되고 있다.

근교의 운명은 그저 빽빽한 도시와 한 덩어리로 뭉치는 것일 수 없다. 그 운명은 비어 있음과 가득함, 버려짐과 세워짐, 광물과 식물, 합법과 불법 사이의 공존을 허락하는 것이다. 이 회의에서 이렌 아리스

티사발Irene Aristizabal이 기획한 전시회에 예술가들이 출품한 사진 및 영화의 서사를 보면, 이러한 '사이'가 포착된다.

도농 주민은 오염시키는 사람들인가?

이 책의 두 번째 장('도농 주민은 야비한 오염 유발자인가?')에서 강조하는 것은, 그럼에도 불구하고 이 혼종적 공간이 현대사회의 새로운 생활양식처럼 보인다는 것이다. 전통적인 도시화 방식에 대해 그렇듯 편견 없이 근교를 바라볼 수는 없을까? 이 장소는 적응력을 가질 수 없을까? 다른 유형의 모빌리티를 만들어 내지 않을까? 새로운 방식으로 정착될 모빌리티를?

오늘날 자율, 자유, 개인적 성취를 낳는 근본적 가치인 모빌리티를 재배열하는 데 정보통신 기술의 발전은 어떻게 이바지할까? 우리는 누구를 위해, 어떠한 대가를 치르면서, 어떤 방식으로, 산재된 도시 및 압축된 도시를 발전시킬 수 있는가? 물론 산재된 도시든 압축된 도시든 둘 다 사회적·경제적으로 취약하고 에너지에 취약하다는 한계가 있다. 그럼에도 불구하고, 어떻게 모든 사람이 타인, 공동체, 환경과의 관계에서 자기 장소를 발견하고 거기에서 다시 번영을 이룰 수 있을까? 어떤 사회적 혁신을 통해서 이들을 지원할 수 있을까? 어떤 정책을 실행하거나 시험해야 할까?

지속가능성을 높이기 위하여?

2차 회의의 모든 토론에서 근교는 끝없이 가속화를 일으키는 메트로폴리스 환경에서 어떤 실험의 수단이라는 것, 그리고 감속을 일으킨다는 것이 드러났다. 이처럼 근교에서의 경험을 재조정하는 것은 지역의 활동과 계획에 어떤 영향을 미치는가? 이러한 접근은 변화에 대한 시의적절한 반응인가? 혹은 근교와 도시에서 다르게 행동하려는 욕구를 보여 주는 것인가? 이 책의 마지막 장('지속가능한 모빌리티를 위하여')은 도시계획 연구자와 전문가의 목소리를 통해 바로 이런 문제에 다가가고자 한다.

모바일 라이브스 포럼의 2차 국제회의를 이끌어 간 물음들을 넘어서 '근교' 환경의 '변이성'[3] 이라는 관념, 혹은 이러한 도시화의 회복탄력성[4]이라는 관념을 더 밀고 나갈 수는 없을까? (너무 성급하게) 평가하기 전에 실험하고 질문하는 편이 현명하지 않을까? 근교화 과정에서의 변화와 근교의 생활양식은 그저 일시적일까, 아니면 좀 더 지속적일까? 그 변화와 생활양식은 이 지역의 "성숙함"[5]을 보여 주며 "지

---

3 D. Dias, J. Langumier, D. Demange, "Mutabilité du périurbain", *Les Annales de la recherche urbaine*, n°104, June 2008, pp.149-156.

4 이 정의는 75쪽 참조.

5 이 관념은 다음 보고서에서 등장한다. S. Bonnin-Oliveira, M. Berger, C. Aragau, L. Rougé et al, "Les 'pôles secondaires' dans la réorganisation des mobilités: maturité et durabilité des espaces périurbains ?" for the PUCA (2012).

속가능성의 책무"라는 방향으로 나아가는 것이 아닐까?

번영의 시詩

이런 도시화 방식은 그것을 폄하하는 고정관념과는 달리 장소를 창
출하면서 두터워진다. 도시의 "그저 확장된 부분이 아니라 좀 더 훌
륭한 부분"이 되는 것이며, 이를 통해 "지속성과 수용성을 가지고, 그
것을 바탕으로 스스로의 양식을 만든다." 그리고 "어떤 모습을 얻으
며" "구부러지고 두드러지고 독특해지며 스스로를 만들었다가 다시
되돌린다. 그들은 서로의 실존을 합쳐 소영토를 이룩하는 사람들만
큼 신중하다. 온갖 과잉에 덜 끌리는 소영토를, (일종의 덩어리처럼)
연결되고 재배치되는 소영토를 이룩하는 사람들만큼."[6]

근교가 진정 지속가능하려면 다음 요소들이 함께 이루어져야 한
다. ① 개인적 기대 및 행동 방식의 변화에 대한 명료한 표현, ② 현
지 행위자의 적절한 반응, ③ 연구자와 계획가를 포함하여 도시와 관
련된 모든 행위자의 새로운 사고방식. 반드시 강조할 점은 환경·장
소·위치는 차이를 만들어 내고 근교의 삶을 재조직하는 중요한 수
단이라는 것이다. 모바일 라이브스 포럼 2차 국제회의의 모든 발표는
여기에 동의했다. 그 외에도 근교의 활동 범위, 구별 욕구, 브랜드 이

---

6 P. Sansot, *Rêveries dans la ville*, Carnets nord, 2008, pp. 23-32.

미지 구축 등을 설명하는 주요 요소로 토지 관리 능력, 규제 수단 활용 방식, 소도시 및 경관의 네트워크 등이 있다. 나아가 지속가능성으로의 전환을 추적하기 위해 '다른' 도시 지역이 어떻게 생산되는지 탐구해야 하지 않을까? 그러니까 경험이란 실로 다양하게 표출된다는 것을 염두에 두고 이런 경험이 장소, 시간, 인간 존재 간의 중층적 관계에 기초하여 어떻게 만들어지고 다시 사라지는지 확인해 보자. 그리고 여러 관점을 비교하고 연결하고 혼성하는 법을 배워서 초학제적 접근을 발전시키도록 하자.

이것이 아름다운 도시 유토피아다.
우리가 만들어 낼 어떤 이미지다!

근교,
그것은 정확히
무엇인가?

근교는 열띤 논쟁의 주제다.
그러나 이 하나의 용어 뒤에는
다양한 상황이 감추어져 있다.
이 개념이 혼동될 위험을 무릅쓰고,
다양한 상황을 해독해야 한다.

근교는
정의가 불가능한가?

근교는 주목받고 있고 논쟁을 야기하고 있지만
고정된 개념이 아니다.
누가 어떤 맥락에서 말하느냐에 따라
이 말의 의미는 크게 달라진다.
이 말은 여러 지역, 여러 도시 형태,
아주 다양한 생활양식과 관련하여 사용되기 때문이다.
따라서 건설적 논쟁을 위해서는
이 개념을 명료하게 해야 하고
그러려면 이 개념 자체에 대해 토론하는 것이 중요하다.

"나는 근교를 정의하지 않을 것이다. 그것은 위험한 일이다."

_아니 푸르코 Annie Fourcaut

나라마다 다른 정의

연구자들은 근교의 윤곽을 정의하기 위해 흔히 통계적 정의를 활용한다. 그러나 "보편적인"(혹은 여기에서는 유럽적인) 정의는 존재하지 않는다. 마르탱 쉴레르Martin Schuler가 지적했듯이, 이 용어를 정의하는 일은 간단하지 않다. "도시를 정의하는 데 있어서 어려운 점은 도시 경계를 어떻게 정의하는가이다. 지난 150년 동안 통계는 이 선을 어떻게 그어야 하는지 물어 왔다." 〈도판 1〉은 도시의 정의가 얼마나 다양한지 잘 보여 준다|24쪽 참조|. 유럽의 네 나라에서는 이 정의가 모두 다르다.

프랑스국립통계경제연구소INSEE는 두 가지 기준에 따라 근교에 대해 꽤 복합적인 정의를 제안한다. 첫째는 건물의 공간적 배치, 둘째는 근교와 도심의 기능적 관계이다. "이 정의에 따르면 근교의 특징은 집과 직장 사이의 통근을 통해 여러 집적지와 기능적으로 연결되지만 이들 집적지와 공간적으로 불연속적이라는 데 있다."[1] 곧, '근교'라는 용어는 도심에 의존한다는 점을 강조한다.

> **통근Commuting**
> 통근은 직주職住 이동, 즉 직장과 주거지 사이의 정규적 이동을 뜻한다.

---

1 Anaïs Lefranc-Morin, *Phantasmes et réalités périurbaines. L'exemple du vote FN*, 2012. "국립통계경제연구소INSEE에 따르면, 근교는 다음과 같은 지자체를 뜻한다. 즉, 그곳에 거주하는 노동자의 적어도 40퍼센트는 그 지자체 밖의 하나 혹은 여러 개의 큰 도심(혹은 인구 2천 명 이상, 일자리 1만 개 이상이며 주택 간격이 2백 미터 이하인 집적지)이나 근교 지대 지자체에서 일한다."

도판1 각 나라의 '도시urban' 정의

비-도시

아이슬란드 프랑스 이탈리아 독일

인구 희박 지역

마을
village

소도시
town

도시
city

대도시
major city

도시

이 정의를 따르는 프랑스의 영역 구분은 다른 나라와 사뭇 다르다. 마르탱 쉴레르는 이렇게 지적한다. "독일은 근교peri-urban라는 말을 쓰지 않고, 프랑스는 교외suburban라는 말을 쓰지 않는다. 프랑스에서는 근교의 경계를 출퇴근을 기준으로 측량하기 때문에 이 도시 공간이 지니는 의미가 독일의 교외와 전혀 다르다. 독일의 교외는 인구밀도로 정의되며 프랑스의 근교보다 훨씬 큰 단위이다."

그의 말대로, 도심 및 집적지에 대한 스위스의 정의[2]와 도시 허브 및 도시 지역[3]에 대한 프랑스의 정의를 하나의 공간(프랑스와 스위스 국경 지대)에 적용한 〈도판 2〉와 〈도판 3〉은 각 정의에 따라 영역 구분이나 근교의 경계가 크게 다르다는 것을 잘 보여 준다 |26~27쪽 참조|.

이러한 차이에서 알 수 있듯, 근교에 대한 통계적 정의는 각 나라마다 정치적·사회적으로 다르게 구성된다. 따라서 초국적 차원에서 근교를 통계적으로 정의하려는 것은 쓸모없지는 않아도 호락호락한 일이 아니다. 국제적 차원에서 근교 지역을 연구하려면 단일한 정의를 찾기보다는 모바일 라이브스 포럼 2차 회의에서 나타난 공통적 특징들을 고려하는 편이 더 유용할 것이다.

---

2 스위스연방에 따르면 "어떤 지자체를 집적지에 포함시키는 가장 중요한 기준 중 하나는 그 광역도시권의 중심까지 출퇴근하는 사람의 숫자이다."(http://www.bfs.admin.ch)

3 이것은 그 구조에 있어 광역도시권과 근교 지대를 뜻하는 도시 단위들을 포괄한다.

도판 2 프랑스 관점에서 본 프랑스-스위스 국경

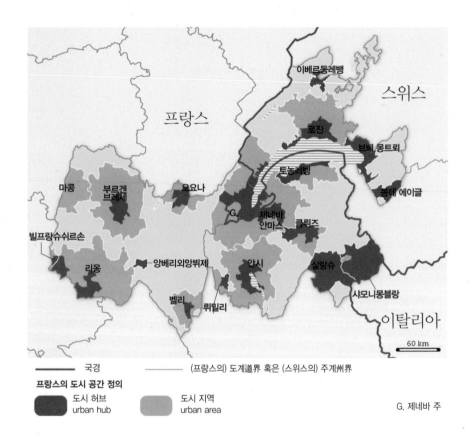

스위스

프랑스

이베르동레뱅

로잔

브베 몽트뢰

봉테 에이글

토농레뱅

마콩

부르겐
브레세

오요나

G.

제네바
안마스

클뤼즈

빌프랑슈쉬르손

리옹

앙베리외앙뷔제

안시

살랑슈

벨리

뤼밀리

샤모니몽블랑

이탈리아

60 km

―― 국경　　　　　　――― (프랑스의) 도계道界 혹은 (스위스의) 주계州界

프랑스의 도시 공간 정의

도시 허브
urban hub

도시 지역
urban area

G. 제네바 주

도판 3 스위스 관점에서 본 프랑스-스위스 국경

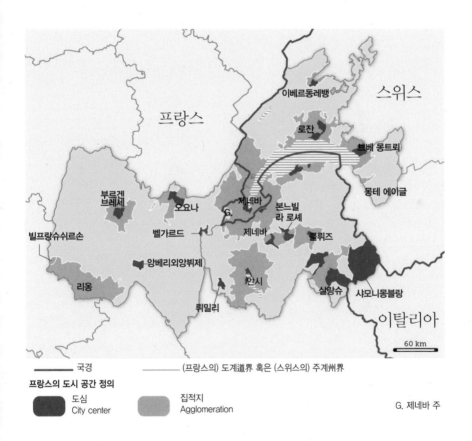

스위스

프랑스

이탈리아

이베르동레뱅

로잔

브베 몽트뢰

몽테 에이글

부르겐
브레세

오요나

제네바

본느빌
라 로셰

빌프랑슈쉬르손

벨가르드

제네바

불뤼즈

앙베리외앙뷔제

리옹

안시

샬랑슈

샤모니몽블랑

뤼밀리

60 km

━━━ 국경 ━━━ (프랑스의) 도계道界 혹은 (스위스의) 주계州界

프랑스의 도시 공간 정의

도심
City center

집적지
Agglomeration

G. 제네바 주

계획에 없던 변화가 낳은 결과

근교에서는 몇 가지 특징이 되풀이되어 나타난다.

- 마당 있는 단독주택이 많고 최근에 형성되었으며, 인구밀도가 낮고 주택이 흩어져 있는 거주 지역이다.
- 어디에나 초목이 있고 '자연' 공간 및 농업 공간과 가깝다.
- 하나 이상의 도시 허브와 다소 가깝게 연결된다.
- 자동차 모빌리티가 우세하다.

마르탱 쉴레르에 따르면, 근교 공간은 1970~80년대 이래로 도시화의 주요 형태였다. 자크 레비Jacques Levy는 근교라는 도시 형태가 부정否定을 통해 규정된다고 보았다. 즉, 근교는 도시 공간 중에서 연속적 집적지가 아닌 부분이다. 그러므로 근교는 도시화의 확산으로 생기며, 집적지와 가깝던 농촌 공간을 정복한다.

이 새로운 도시화는 단독주택의 인기로 말미암아 일어났는데, 이는 1950~60년대에 진행된 밀집화에 대한 반응으로 보인다. 또 승용차가 지배적인 이동 방식이 된 것의 영향도 받았다. 토마스 지베르츠Thomas Sieverts는 근교 지역이 정복된 것은 자동차 모빌리티 비용이 낮기 때문이라고 본다. 자크 레비는 그 외 근교 지역의 확장을 설명하는 다른 요인들로 구매력 증대, 주택 소유 진흥 정책, 개인이 점차 자기 삶의 주체가 되어 가는 (따라서 도시에서 살지 도시에서 떨어져 살지,

주택을 소유할지 임차할지를 선택할 수 있는) 환경 등을 찾아냈다.

요약하면, (광범위한 지역에 지리적 영향뿐 아니라 역사적이고 구조적인 영향을 미치는) 근교화 과정은 세 가지 요소의 조합이다.

- 사회-문화적 요인: 단독주택 거주 모델에 대한 집단적 호감과 도시와 시골을 이어 주는 자원 근접성.
- 사회-기술적 요인: 1960~70년대에 시작된 자동차라는 새로운 모빌리티의 확산. 이를 통해 원거리 직주職住 분리가 일어났다.
- 사회-경제적 요인: 인구 집단의 다수가 도시 외부 지역에서 집을 살 수 있도록 한 주택정책

근교화의 기원

마르크 비엘Marc Wiel, 《도시의 전환: 보행 도시에서 자동차 도시로의 이행La Transition urbaine: Le passage de la ville pédestre à la ville motorisée》

마르크 비엘은 모빌리티의 한계 때문에 인구밀집 도시가 생겨났다고 본다. 이동이 불편하기 때문에 경제적·사회적으로 사람들을 연결시키는 활동들이 공간적으로 집중될 수밖에 없었다는 것이다. 반면, (편리한 모빌리티 덕분에) 거리가 멀어도 이러한 연결이 가능하다면 인구는 분산되는 경향이 있다.

1960년대부터 일어난 근교화는 무엇보다 승용차 이용이 늘어난 결과인데, 이것이 지역에 미친 영향은 매우 컸다. "집적된 도시에 살지 않더라도 다양한 방식으로 도시와 계속 연결될 수 있었기에, 광대한 영역으로 도시화가 진출했다." 실로 "대중교통보다 빠르고 융통성 있는 승용차 덕분에, 도시화는 기차역이나 교통요충지 부근에 국한되지 않고 일어나게 되었다." 도로 인프라가 마련되어 비교적 저렴한 토지에 사는 사람들도 30분 이내에 도심의 서비스와 일자리에 접근할 수 있게 되었다.

자동차화로 인해 수많은 사람들이, 특히 자녀가 있는 가족이 단독주택에 살 수 있게 되었다. 마르크 비엘의 지적처럼, 이러한 거주 방식 덕분에 "가정 내부 구조에 융통성이 생기고 이웃과 결속할 수 있게 되었다. 그리고 이를 통해 수백 년 동안 유지되어 온 강력한 민속문화적 특징이 회복되었다." 또한 도시에서 떨어진 곳에 정착하는 일은 "어느 정도는 꿈에 그리던 전원생활"에 대한 염원에 의한 것이다. 경치가 아름답다는 것, 자연과 가깝다는 것, (가령 학교를 매개로) 교제가 늘어난다는 것, 사회적이고 문화적인 시설에 쉽게 접근할 수 있다는 것 등이 그렇다.

출처 : *La Transition urbaine. Le passage de la ville pédestre à la ville motorisée*, Marc Wiel, Mardaga, 1999, p.149.

자율성의 증대

흔히 근교는 하나 이상의 도심에 의존한다고 규정된다.
근교라는 용어의 어원도
"도시를 둘러싼 것"을 의미한다.[4]
그러므로 이 공간은 자율적 단위가 아니다.
그러나 근교에 사는 사람들의 삶은 지방색을 띤다.

중심-주변 모델을 넘어서

리오넬 루제에 따르면, 오늘날 근교화는 종종 대도시 근처에 있는 중간 크기 도시 주변에서 일어난다. 수많은 사람들이 여러 도시의 사이에 산다. 이런 도시화 과정으로 인해 영역 체계는 몇 십 년 전보다 훨씬 복잡해진다. 영역 체계는 더 이상 하나의 주요 도시 주변에 조직되지 않는다. 중심이 여러 개가 되는 것이다.

영역은 상투적인 중심-주변 모델을 넘어서는 새로운 방식으로 조직된다. 도시와 근교의 결합 구조를 형성하는 요인은 일자리만이 아니다. 삶의 질과 연관된 다른 측면들로 인해 행동 방식과 모빌리티가 다양해진다.

리오넬 루제는 전문가들이 집요하게 그려 내는 지도에서는 주변이 중심에 의존적이지만, 이는 때로 서로 모순되기도 한다고 지적한다. 주민들의 공간 체험도 단순한 동심원 관점보다 훨씬 복합적이다. 마르틴 베르제Martine Berger는 근교 지역이 이렇게 자율적이 되는 이유로, 모빌리티가 다양해지고 각 지역의 자원을 좀 더 집중적으로 활용하게 되었으며 점점 더 지역에 정착하기 때문이라는 것을 꼽는다.

---

4   (역주) 근교peri-urban라는 용어에서 접두사 'peri'가 '주변', '둘레', '근처' 등을 가리킴을 뜻한다.

직주 모빌리티의 복합성 증대

프랑스 수도권인 일드프랑스 지역의 직주 모빌리티도 다극화되었다. 이는 특히 베누아 콩티Benoît Conti의 연구,[5] 마르틴 베르제의 연구, 클레르 아라구Claire Aragau의 연구[6]에서 여실히 드러난다.

베누아 콩티의 연구에서 다루는 세 지역은 가정과 직장의 거리라는 관점에서 볼 때 두 시기가 분명하게 구분된다. 첫 번째 시기인 1968~1982년에는 직주 거리가 상대적으로 크게 늘어났다. 이러한 추이는 두 번째 시기인 1982~1990년에는 정체되었다. 따라서 두 번째 시기에 출퇴근이 지속적으로 늘고 수도 파리에만 의지했다는 생각은 오해이다. 1982년에는 주로 노동자와 이른바 중간관리자가 사는 중간적이고 다중심의 공간이 등장했다. 한편 파리에는 대개 기업 임원급들이 살았다 |〈도판 4〉 참조|.

마르틴 베르제가 관찰한 바에 따르면, 집과 직장의 거리는 점점 줄어들었다. 특히 여성의 경우가 그랬는데, 이는 지역의 일자리가 늘었기 때문이다. 그 일자리는 대개 상점·식당·은행이지만 여가, 건강, 사회 활동, 교육 등의 분야에도 있었다. 〈도판 5〉는 일자리가 다극화됨을 보여 준다 |38쪽 참조|.

---

5   콩티의 연구는 일드프랑스의 세 지자체, 즉 브리부아제, 오트발레드슈브뢰즈, 카르넬페이드프랑스의 연결에 초점을 맞춘다.

6   베르제의 연구 및 아라구의 연구 대상은 일드프랑스 서부(이블린, 발두아즈, 그리고 외르의 두 주인 외르에루아르와 우아즈)와 툴루즈 동부(도시 지역의 동쪽 사분면 및 이에 이웃하는 타른과 오드道)이다.

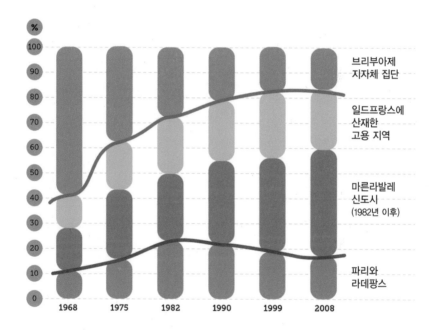

도판 5 일드프랑스 주민 절반은 집 근처에서 일한다

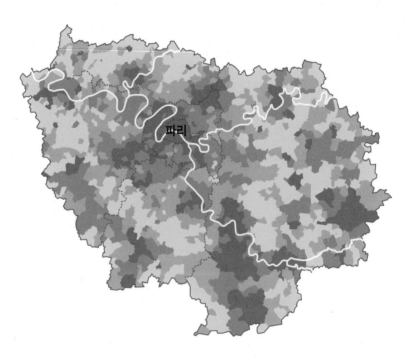

파리

직장이 집과 가까운 노동자 비율
(거주 소도시 주변의 두 개 소도시 내에
직장이 있는 노동자 비율)

| 50퍼센트 초과 | 40~50 퍼센트 | 30~40 퍼센트 | 40퍼센트 미만 |

20 km

도판 6 프랑스 브리부아제에서 일하는 사람들이 거주하는 곳

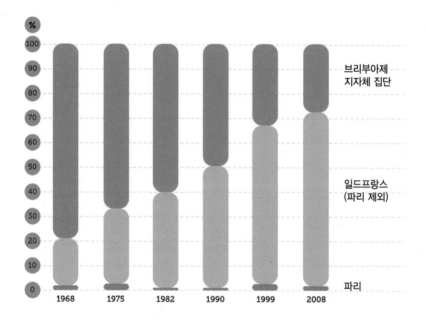

또한 베누아 콩티가 보여 주는 것처럼, 근교에서 일하는 노동자들은 더 먼 곳, 즉 그들이 일하는 근교보다 더 먼 근교나 농촌 지역에 살고 있다 |39쪽 〈도판 6〉 참조|. 따라서 콩티는 이렇게 말한다. "중간적이고 다중심의 지역이 등장함으로써, 이제 고전적인 중심–주변 모델은 맞지 않다."

근교 주민의 지역 정착

마르틴 베르제와 클레르 아라구는 근교 주민의 행동이 변화하고 있음을 보여 준다. 근교 주민은 지역의 자원(일자리, 주택, 서비스)에 대해 예전보다 많이 알고, 그것을 점점 더 새로운 방식으로 활용하고 있다. 이는 특히 직장이 집과 가까워지고 있기 때문이다. 그래서 2차 중심(큰 마을과 작은 소도시)으로 이루어진 네트워크가 점점 더 매력을 갖게 된다. 이 네트워크에서 모빌리티가 생겨나고 거꾸로 모빌리티를 통해 네트워크가 새로이 조직된다.

원래 이와 같은 중심의 재조정은 주로 영업을 위한 이동(가령 현지 대리점이나 재택간병 서비스 등)과 관련하여 일어났는데, 이제 일자리가 재배열됨에 따라 점차 일자리 관련 이동이 이러한 이동을 대체한다. 여러 조사에 따르면, 근교에 오래 산 가정에서는 문화 및 여가를 위한 이동이 '수축'했다. 현지의 영화관이나 문화관에 대한 전폭적인 공공 지원 덕분이다. 또한 예배당을 문화 이벤트에 활용하는 것도 눈에 띈다. 이에 따라 도심과의 관계는 변하고 있다. 그렇지만 일자리에 관한 한 도심은 여전히 중요하며, 무엇보다도 2차 중심이 제공할 수 없는 아주 전문적인 기능(전문화된 행정 서비스, 의료 서비스, 문화 서비스 등) 측면에서 중요하다.

유럽 차원에서도 이런 추세가 나타난다. 예를 들어, 토마스 지베르츠는 독일의 근교 지역이 "새롭고 자율적인 소도시들의 온전한 네트워크를 이루고 있으며, 이를 통해 점차 도시로부터 독립하고 있다. … 근교 지역은 더 이상 완충지대가 아니고 그 자체로 독립체"라고 역설한다. 근교에서 새로운 사업이 창업되고 서비스가 창출된다. 근교의 사업을 근교 주민들 스스로 운영하는 일이 점점 늘어나고, 소매 체인점도 점차 현지 점포에 투자하고 있다. 그럼에도 불구하고 숱한 어려움이 남아 있다. 특히 보건 분야에서 병원이 멀고 병원과 적절하게 관계를 맺지 못하는 문제가 여전히 남아 있다. 토마스 지베르츠의 말마따나, 유럽 국가들은 상상력을 발휘하여 인구밀도가 낮은 지역에 새로운 모델을 도입하고 성공시켜야 한다. 그러려면 탈중심화된 시스템이 필요한데, 어쩌면 새로운 기술이 이를 촉진할 수도 있을 것이다.

마리-플로어 마테Marie-Flore Mattei도 근교 공간이 자율적이 되고 있음을 관찰한다. 일반적인 믿음과 달리, 근교 주민의 행동 방식은 아주 단단하게 지역에 뿌리내리고 있다. 하지만 마테는 학자들이 이 지역을 지나치게 고립적으로 연구하는 것은 위험하다고 경고한다. "우리는 근교를 너무 자율적으로 보아서도 안 된다. … 근교를 그것을 둘러싼 환경과 별개의 것으로, 그 환경으로부터 떨어뜨려 고찰해서는 안 된다."

생활양식과 경관의 다양성

모바일 라이브스 포럼 2차 국제회의에서 제기된
주요 의견 중 하나는 근교의 형태가 다양하며
따라서 근교의 생활양식도 다양하다는 것이다.
마리-플로어 마테, 장-마르크 오프네르Jean-Marc Offner,
로랑 테보Laurent Thévoz, 장-피에르 오르푀유Jean-Pierre Orfeuil
모두 이 점을 지적했다.

다양한 경관

유럽에서 근교의 형태는 매우 다양하다. 각국이 지닌 특수성 때문이기도 하고, 각국의 근교화 과정이 다양하기 때문이기도 하다. 이탈리아의 근교화를 연구하는 파올라 푸치Paola Pucci는 이러한 인구 분산 과정이 지리적·역사적 트렌드의 여파라고 본다. 예컨대, 1970년대와 1980년대 이탈리아에는 세 가지 트렌드가 있었다. 첫 번째는 대부분의 대도시 외곽 지역이 성장한 것인데, 특히 1980년대 말에 급성장했다. 두 번째는 시골의 변화로, 그 특징은 중요한 경제적 동력인 공장 주변에 중소도시들이 조직된 것이다. 세 번째는 이탈리아 중부 계곡 지대의 구릉과 저지대가 새롭게 조직된 것이다.

그러나 이탈리아 모델은 1990년대 질적이고 양적인 변화를 겪으며 유럽 모델에 가까워졌다. 이 시기에는 단독주택 방식의 인구 분산이 일반적이었다. 특히 부동산 개발업자들이 새로운 주택을 내놓은 도시 근교 지역들에서 그랬다. 2004년 바르셀로나에서 개최된 일반문화포럼Universal Forum of Cultures에서 안토니 폰트Antoni Font가 기획한 전시회에서는 지중해 연안의 몇몇 대도시에서 나타난 "도시의 폭발적 확장"에 주목했다.

그렇지만 근교 지역은 실천(특히 모빌리티 실천)적으로는 버젓이 존재함에도 불구하고 행정적으로는 존재하지 않는다. 이 때문에 공공기관이 그 변화를 관찰하고 지원하는 것이 힘들다. 파올라 푸치는 현재 이 지역에서 세 가지 트렌드가 나타나고 있다고 말한다.

- 주민의 자체개발이 담당하는 역할이 줄어들고 부동산 개발업자가 다시 등장하고 있다. 개발업자는 에너지 효율이 좋고 집단적 서비스가 우수한 시설을 갖춘 다양한 종류의 건물을 내놓는다. 때로는 이 때문에 폐쇄 공동체가 생기는데, 이곳에서는 주민이 함께 살 주민을 자체적으로 선발한다.

> **자체개발**self-promotion
> 주민들이 모여 함께 기획하고 자금을 융통하여 집을 짓는 일. 주민 스스로 프로젝트를 완벽하게 통제하므로 전문 개발업자가 필요 없다.

- 방치된 건축물 개발이 활발하게 이루어지고 있으며, 이는 단독주택과 산업 시설에 영향을 미친다. 경제위기 상황에는 단독주택을 여러 가구가 나눠 쓰거나, 각 개인이 하는 일을 집 안으로 들여오기도 한다. 공간을 재조직하고, 어떤 경우에는 공장 건물 한 채에서 여러 가지를 생산한다.
- 단독주택에 대한 기대가 바뀌고 있다. 이런 추세는 여러 가지 서비스에 좀 더 쉽게 접근하고 주거 비용을 더 낮추려는 젊은 세대에서 두드러진다. 부모에게 물려받은 집은 그들에게 너무 클 뿐 아니라 에너지 효율도 너무 낮다.

파올라 푸치가 보여 주듯이, 근교 형태가 다양한 것은 산업 부문 및 국가 경제의 변화에 따라 각 시대의 근교화 조건과 근교화 과정이 서로 다르기 때문이다.

다양한 생활양식

근교의 경관이 다양할 뿐 아니라, 경관을 경험하고 그 안에서 살며 지각하는 방식도 꽤 다양하다. 이를 보여 주고자 로돌프 도디에Rodolphe Dodier는 근교의 생활양식을 분류하는 체계를 만들었다. 모빌리티 정도에 따라 9개 범주[7]로 나뉜다 |48쪽 〈도판 7〉 참조|.

처음 세 범주의 특징은 모빌리티가 적다는 것, 그리고 생활양식이 대개 가정을 중심으로 이루어진다는 것이다.

- 첫 번째 내향적 유형 ❶은 근교 마을에, 특히 자기 집에 매우 집중한다. 이동은 주로 집과 직장을 오가는 출퇴근으로 이루어지고 그 외에는 별로 없다. 근교 주민의 약 4분의 1이 이 유형에 해당한다.
- 두 번째 은둔자 유형 ❷은 여간해서는 집을 나서지 않으며 독립적 모빌리티 수단도 없다. 대개 여성이고 대다수가 직장을 다니지 않는다.
- 세 번째 포로 유형 ❸은 리오넬 루제의 연구에서 차용한 것이다. 은둔자 유형과 마찬가지로 이들도 대개 여성이다. 독립적 모빌리티 수단은 있으나 돈이 없어서 도시를 향한 욕구가 좌절된다. 마을에 틀어박히는 것 외에 달리 대안이 없다.

---

7 프랑스 루아르 지방의 근교 지역에서 1개월에 걸쳐 약 1천 개 가구의 이동 양식을 연구했다.

도판7 근교 생활양식 분류 체계

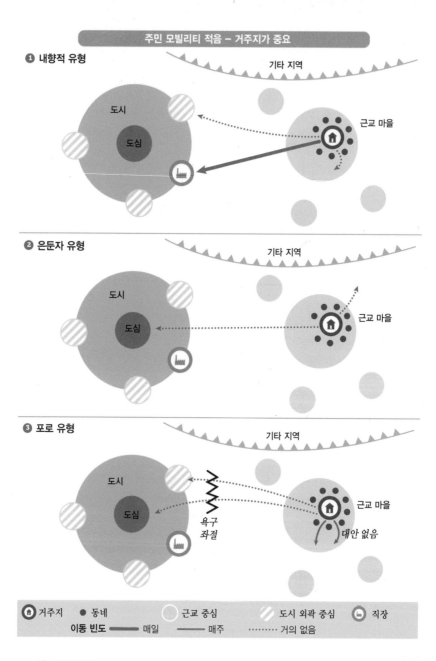

주민 모빌리티 적음 – 거주지가 중요

❶ 내향적 유형

기타 지역

도시

도심

근교 마을

❷ 은둔자 유형

기타 지역

도시

도심

근교 마을

❸ 포로 유형

기타 지역

도시

도심

욕구
좌절

근교 마을

대안 없음

🏠 거주지　● 동네　◯ 근교 중심　▨ 도시 외곽 중심　◉ 직장

이동 빈도 ━━ 매일　──── 매주　········· 거의 없음

48　근교의 복권

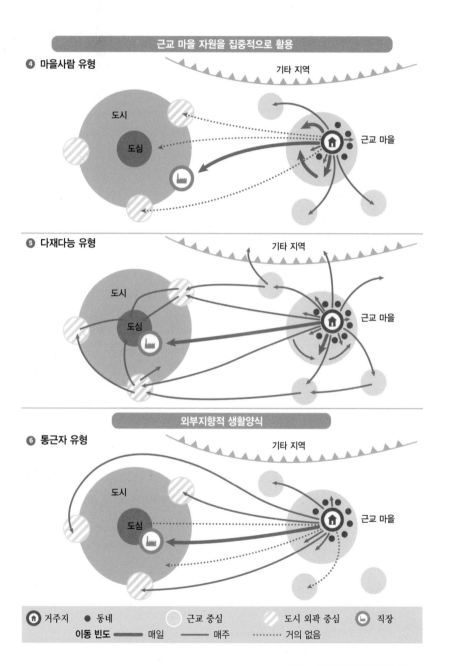

근교 마을 자원을 집중적으로 활용

④ 마을사람 유형

기타 지역

도시

도심

근교 마을

⑤ 다재다능 유형

기타 지역

도시

도심

근교 마을

외부지향적 생활양식

⑥ 통근자 유형

기타 지역

도시

도심

근교 마을

🏠 거주지 ● 동네 ◯ 근교 중심 ▨ 도시 외곽 중심 📍 직장

이동 빈도 ━━ 매일 ── 매주 ⋯⋯ 거의 없음

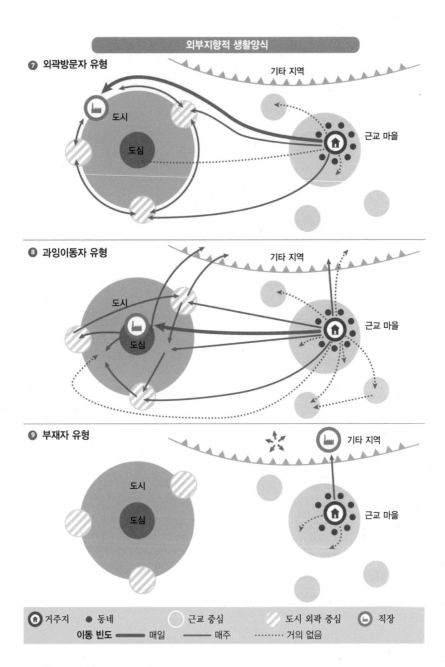

외부지향적 생활양식

❼ 외곽방문자 유형

기타 지역

도시

도심

근교 마을

❽ 과잉이동자 유형

기타 지역

도시

도심

근교 마을

❾ 부재자 유형

기타 지역

도시

도심

근교 마을

🏠 거주지　　● 동네　　◯ 근교 중심　　▨ 도시 외곽 중심　　🏭 직장

이동 빈도 ━━ 매일　　── 매주　　…… 거의 없음

다음 두 유형은 근교 마을의 자원을 폭넓게 활용한다.

- 네 번째 **마을사람 유형 ④**은 자신의 구역에 상당히 집중되어 있다. 통근 이외의 이동은 어지간하면 마을의 자원을 활용한다. 특히 오락과 사교에서 그렇다. 대략 주민의 4분의 1에 해당한다.
- 다섯 번째 **다재다능 유형 ⑤**은 근교 공간의 대표적 상징이다. (주민의 4분의 1이 살짝 넘는) 이들은 집 주변을 중심으로 움직인다. 마을의 자원, 그리고 인근 근교 중심의 자원을 이용하는 법을 잘 알고 있으며 종종 소도시에서 일한다.

나머지 네 범주에 속하는 주민의 생활양식은 마을 외부를 지향한다.

- 여섯 번째 **통근자 유형 ⑥**은 도시와 마을을 지속적으로 오간다. 주중뿐 아니라 주말에도 그렇다. (대략 주민의 10분의 1을 이루는) 이들은 통근자를 자처한다.
- 일곱 번째 (대략 주민의 10분의 1에 속하는) **외곽방문자 유형 ⑦**은 도시 외곽 중심을 지향하는 성향이 강하며, 따라서 도시 외곽이 사회생활의 중심지이다시피 하다. 이들의 일, 교제, 쇼핑은 도시 외곽 중심에 주로 집중된다. 이들은 여러 도시 외곽 중심을 오가며 철저히 활동을 계획하고 순환적으로 이동한다.
- 여덟 번째 **과잉이동자 유형 ⑧**은 가정 외의 집단에서 훨씬 많은 시간을 보낸다. 이동이 너무 많아 피로를 느낀다.

- 마지막 아홉 번째 **부재자 유형 ❾**은 거주지가 아닌 도시 시스템에서 일하면서 주말에만 귀가하거나 심지어 격주로만 귀가한다. 그래서 대개 지역 공간에서는 찾기 어렵다.

로돌프 도디에에 따르면, 마지막 두 범주는 "현대적 고통"을 겪는다.

이 다양한 생활양식 유형은 각각 사회적·공간적 특징이 다르다. 사회적으로는 젠더와 독거가 주요 차별화 요소이다. '은둔자'와 '포로' 유형은 대부분 여성이고 '외곽방문자', '부재자', '과잉이동자'는 대부분 남성이다. 소수 독거인 중에서도 여성은 대개 자기 집에 틀어박히지만 남성은 '마을사람' 유형이거나 '통근자' 유형이다.

연령도 영향을 미친다. 젊은 사람은 진취적으로 공간을 탐색하며, 많은 청소년이 도시를 동경한다. 그리고 바로 이 때문에 일부는 스스로를 '포로'로 여긴다. 그럼에도 불구하고 알릭스 카리우Alix Cariou와 장 테이에르Jean Teiller가 지적하듯이, 이러한 욕구가 그리 만연하지는 않다.[8] 다른 쪽 극단에는 은퇴와 노화로 점차 사회에서 물러나는 사람들이 있다.

로돌프 도디에가 강조하는 세 번째 사회적 차원은 교양 계층과 노동계급의 아비투스 차이와 관련이 있다. 경영자와 이른바 중간관리자

---

8 일드프랑스 지방 개발및도시계획연구소에서는 센에마른의 근교 지역 세 곳에 사는 젊은이들의 모빌리티에 대해 연구했다.

직업은 종종 '다재다능' 유형인 반면,
피고용인과 노동자는 '마을사람' 유형
이기 쉽다.

아비투스habitus

어떤 사람의 몸에 밴 행위·사
고·인식 성향. 각 개인은 특정 집
단이나 사회계층과 교제함으로써
취향, 생활양식, 지속적 행위를 형
성하며 이는 삶의 모든 영역에 영
향을 미친다.

한편, 이 분류 체계에는 중심과의
거리를 척도로 삼는 흔한 공간적 분류
방식은 없다. 로돌프 도디에가 보기에
도시에서 가까운 근교와 먼 근교는 전혀 차이가 없다. 그렇지만 대도
시 근교 주민과 소도시 근교 주민 사이에는 차이가 두드러진다. 전자
는 주로 '다재다능' 유형, 후자는 대개 '은둔자', '마을사람', '외곽방문
자'로 분류된다.

끝으로 마리-플로어 마테는 흔히 근교 공간을 중산층의 특권적 공
간으로 여기기 쉽지만, 근교 공간 주민은 동질적이지 않다고 강조한
다. 그에 따르면, 실제 프랑스에서 도심과 가까운 주변부 지자체와 그
보다 먼 지자체는 세금 수입의 차이가 크다. 전자는 상당한 세수를 거
두어들이지만 후자는 평균 정도이다. 마테는 기본적으로 근교 주민
의 "사회적 특질은 전체 프랑스 사회와 다르지 않다"고 요약한다.

관점의 변화

모바일 라이브스 포럼 2차 회의는
근교의 종류 혹은 근교 배치의 종류가
한 가지가 아니라 여럿임을 분명하게 보여 주었다.
포럼은 이를 설명하기 위해
도농이라는 용어를 제안한다.

한물간 범주

마리-플로어 마테는 "근교는 공간적 측면과 사회적 측면에서 매우 다양한 상황을 포괄한다. 물론 이렇게 말하는 것은 간단해도 이를 실제로 보여 주는 것은 만만치 않다"고 지적한다. 그렇다면 공간적 실재의 특정 유형을 서술하는 분석적 범주로서 '근교'라는 용어를 계속 쓰는 것은 어느 정도는 무의미하다.

단일한 의미로 근교를 바라보는 것은 현실을 은폐하고 현재의 도시적 세계를 분석하기 어렵게 만든다. 도시가 확산되면서 도시 외곽은 (인프라 측면에서) 발전하고 있으며 도시 중심은 분산되고 있다. 새로운 기술과 빠른 이동 덕분에 근접성은 수십 년 전과 다른 의미를 지닌다. 거리에서 해방됨으로써 영역 간 경계가 사라진다. 소도시와 시골은 이제 분명하게 정의되고 쉽게 식별되는 실체가 아니다. 이들 사이의 경계가 흐려지기 때문이다. 사회와 생활양식이 진화함에 따라, 이제 중심과 외곽은 개개의 동네나 마을에 국한되지 않고 모든 공간을 아우르며 분산된다.

어떤 말을 쓸 것인가?

그렇다면 이러한 '사이' 공간에 어떤 꼬리표를 붙일 것인가? 어떤 말을 쓸 것인가? 모바일 라이브스 포럼 회의에서 다양한 용어가 제시

되었다. 중간도시between-two-cities/Zwischenstadt, 산재도시diffuse city/citta diffusa, 하위도시hypo-urban, 하부도시infra-urban, 교외suburban, 신흥도시 emerging city, 도시 변두리 혹은 대도시 변두리urban or metropolitan fringes, 개척 전선pioneer fronts, 근교peri-urban, 근촌peri-rural, 심지어 근교 마을 peri-urban villages까지. 이 용어들이 서술하는 실체들은 서로 겹친다. 그러나 이들은 프랑스에서 서로 구별되며, 유럽 차원과 세계적 차원에서는 더욱 서로 구별된다. 공간적 실체는 비록 공통된 과정에 의해 나타나더라도 다양할 수 있기 때문이다. 모바일 라이브스 포럼의 2차 국제회의에 참석한 전문가들은 끝내 하나의 정확한 용어로 합의하지 못했다.

회의 참석자들의 의견이 갈리는 지점은 근촌과 근교 간의 대비이다. 여전히 근교라는 용어가 가장 널리 사용된다. 이 용어는 직간접적으로 도시 생활양식의 의미를 담고 있으면서 도시 팽창이라는 관념도 담고 있다. 이 관념은 도심과 외곽의 구별을 고수한다. 반면, 근촌이라는 용어는 최근 널리 연구되는 농촌 지역을 가리킨다. 이 지역은 인구가 분산되고 인구밀도가 낮은 공간의 중심에 있는 농촌 지역이다. 이러한 공간은 농촌 환경이 확장한 결과이기도 하고 도시가 분산된 결과이기도 하다.

우리가 보듯이, 근교화에는 도시 요인도 있고 농촌 요인도 있다. 그로 인해 만들어진 공간은 혼종 공간으로서 완전한 농촌도 아니고 완전한 도시도 아니다. 파트리시아 사주Patricia Sajous가 설명하듯이, 이러한 혼종 공간은 도시 지역의 외부 막膜 가장자리에 위치하면서 농촌 공간을 상당 부분 잠식한다. 그래서 이런 공간은 도시 지역과의 관계에서 연구할 수도 있고 농촌 지역의 일부로 연구할 수도 있다. 농촌과 도시 양쪽에 뿌리내린 이런 공간을 연구하려면 근교와 같은 용어를 사용할 때 두드러지는 관점, 즉 세계가 본질적으로 도시적이라는 관점을 버려야 한다.

모바일 라이브스 포럼은 이런 공간을 가리키는 용어로 제라르 보에르Gérard Bauer와 장-미셸 루Jean-Michel Roux가《도농화, 혹은 분산된 도시La Rurbanisation ou la Ville éparpillée》(1976)⁹에서 처음 사용한 "도농rurban"을 다시 사용할 것을 제안한다. '농촌rural'과 '도시urban'의 합성어로서 도농은, 주민·실천가·연구자가 사용하는 여러 개념이 아우르는 다채로운 실재를 서술하는 포괄적 범주로 쓸 수 있다. 궁극적으로 '도농'은 도시화의 확장을 통한 시골의 활성화를 의미한다. 따라서 우리는 무수한 방식으로 범주화될 수 있으면서도 앞서 말한 공통점을 지니는 다양한 생활양식, 도시 형태, 모빌리티를 가리키기 위해 '도농'이라는 용어를 사용한다.

---

9 Bauer (G.) and Roux (JM), *La Rurbanisation ou la Ville éparpillée* (Rurbanization, or the dispersed city), éditions du Seuil, 1976.

도농 주민은
야비한
오염 유발자인가?

제라르 비야르와 아르노 브레네토의 미디어 담론 분석에서 드러나듯이, 도농 공간은 종종 쓰레기와 오염으로 가득한 장소로 여겨진다. 그러나 지속가능한 발전을 측정하는 전통적 척도인 탄소발자국, 자동차 교통 밀도 등의 관점에서 보면, 도농 지역은 도시 지역과 별반 다르지 않아 보인다. 또한 지속가능성에 대한 또 다른 접근법인 장기간 유지될 수 있고 기후 환경, 사회적 환경, 경제적 환경 등의 변화에 적응할 수 있는가의 기준으로 보면 도농 공간은 꽤 다양한 선택지와 유연성을 주는 듯하다.

도시 대 도농 구도 극복하기

근교 주민들에게 덧씌워진 오염 유발자라는 낙인은
그들이 온실가스를 배출하고 오염을 유발하는 승용차를
많이 사용하기 때문이다.
이에 비해 도시적 생활양식은
지속가능성의 모델로 광고된다.

"궁금하다. 지속가능한 발전이라는 측면에서 근교가 문제라는 주장이
왜 그리 널리 퍼져 있는가? 제대로 살펴보면, 이런 주장은 너무 엉성하다.
(근교 주민에 대한 편견은 아니더라도) 근교에 대한 편견은 틀림없이 존재한다.
특히 도시계획가, 개발자, 엘리트, 지식인 사이에서 그렇다."

_에릭 샤름Éric Charmes

바비큐 효과[1]

'도시에 살면 승용차 이용이 줄어든다.' 1980년대와 1990년대에 등장한 이러한 평가는 최근까지 거의 흔들리지 않았다. 인구밀도가 높은 지역은 모빌리티 유발이 적기 때문에 인구밀도가 낮은 지역보다 지속가능한 발전의 목표를 순조롭게 성취한다는 이 관념은 그러나 최근 들어 도전을 받고 있다. 상당수 연구가 보여 주는 것처럼, 이러한 가정은 오로지 출퇴근 이동에만 주목할 뿐 주말 이동과 휴가철 이동은 외면한다. 대*로마와 대*파리[2]를 연구한 엘렌 네시Hélène Nessi에 따르면, 여가 이동과 직업 이동을 합산하면 오히려 도심 주민이 근교 지역 주민보다 먼 거리를 이동한다 |66쪽 〈도판 8〉 참조|.

이 결과는 대체로 소득 수준 및 사회적 지위의 차이로 설명할 수 있다. 물론 도시 환경도 등한시할 수 없는 요인이다. (상위층 및 중위층에서) 사회경제적 지위[3]가 같은 개인들 간에도 여가 이동은 차이를 보이는데, 그 차이가 거주 지역과 관련된다는 것은 일관된 결과다. 도심 주민은 근교 주민 및 도시 외곽 주민보다 더 많이 이동한다. 이를 상쇄하는 것은 낮은 소득뿐이다. 거주 지역과 무관하게, 소득 수준이 낮으면 모빌리티는 단조롭다.

1　(역주) 도시민은 ('바비큐'로 상징되는) 근교에서 쉽게 누리는 여가활동을 평소에 누리기 어려워서 주말이나 휴가철에 이동을 더 많이 하게 된다는 이론.

2　(역주) 대로마Great Rome 등의 표현은 로마 등의 대도시를 둘러싼 광역도시권을 뜻한다.

3　소득과 학력 기준.

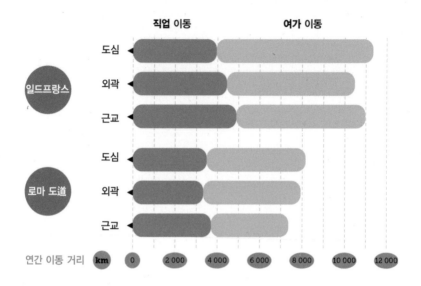

도판 8 연간 이동 거리: 파리와 로마 비교

직업 이동   **여가 이동**

일드프랑스
- 도심
- 외곽
- 근교

로마 도道
- 도심
- 외곽
- 근교

연간 이동 거리 **km** 0   2 000   4 000   6 000   8 000   10 000   12 000

엘렌 네시에 따르면, 도시 주민은 주말과 휴가 기간에 도농 주민보다 더 자주, 그리고 (종종 항공편으로) 더 멀리 가는 경향이 있다. 이는 각 개인이 생활환경과 맺는 관계에 따른 것인데, 이런 관계에는 세 가지가 있다.

- 기능적 관계: 대중교통 접근성 및 직장, 서비스, 업무, 어린이집, 문화 활동 등에 대한 근접성.
- 사회적 관계: 공동체 생활, 동네의 평판 및 이미지, 학교의 질, 가

족 및 친구와의 근접성, 안도감.
- 정서적 관계: 평온함과 고요함. 자연과 녹지의 존재, 동네의 매력, 거리의 안전.

이 기대 중 하나라도 충족되지 않으면(엘렌 네시가 인터뷰한 사람들의 경우 가장 충족되지 않은 기대는 고요함이었다) "이를 보상하기 위한 모빌리티가 일어난다. 이는 인구밀도가 높은 지역에 녹지가 부족한 것과 관련이 있다. 그러나 이것이 여가 모빌리티의 다양성을 설명하는 유일한 요인은 전혀 아니다." 엘렌 네시는 여가 모빌리티가 "지역의 사교성 정도에 따라" 달라지며 "자기 동네와 교류하고 집단적·개인적 행동을 통해 동네 공간을 활용하는 주민의 능력에 따라서도 달라질 수 있다"고 말한다.

물건의 이동을 고려하기

도농 환경이 지속가능한 발전 원칙에 역행한다는 논리에서 또 다른 미심쩍은 주장은 근교 주민이 "보온용 체"[4] 안에서 산다는 비난이다. "한 가구의 탄소발자국, 즉 한 가구가 생활하면서 배출하는 온실가스에서 가장 많은 비중을 차지하는 항목은 무엇인가?"라는 물음에 대해

---

4   (역주) 구멍이 숭숭 뚫린 체로 보온하는 것처럼 에너지를 낭비한다는 의미.

생활환경, 생활양식, 여가 모빌리티

모바일 라이브스 포럼은 엘렌 네시의 연구 결과를 보강하고자 스위스에 초점을 맞추어 2012년 9월 연구를 시작했다. 세바스티앙 뮈나포Sébastien Munafò의 주도로 제네바와 취리히의 도시외곽 및 근교에서 여섯 가지 생활환경을 비교하고, 그 결과를 로마와 파리의 집적지를 대상으로 한 엘렌 네시의 연구와 비교하는 것이다.

예술가 또는 사운드 공학자와 협업하여 각 지역의 소리를 포착하여 이 다양한 환경의 소리가 지닌 특유성을 평가하는 작업도 진행한다. 이 프로젝트는 도농 지역 생활양식의 지속가능성에 대한 토론을 촉발하고, 다양한 지역적 환경에서 여가 모빌리티와 관련한 문제를 해결하기 위한 실천적 제안을 내놓을 것이다.

도판 9 2010년 프랑스의 탄소발자국

이산화탄소 배출량
(단위: 1백만 톤)

| 0 | 20 | 40 | 60 | 80 | 100 | 120 | 140 | 160 | 180 |

- 소비재
- 음식
- 여행
- 주택의 에너지 소비
- 공공서비스
- 민간서비스
- 주택 건축 및 중대한 보수유지

엘렌 르 테노Hélène Le Teno는 "최상위 항목 두 가지는 주택이나 이동이 아니라 음식과 소비재"라고 답한다 |〈도판 9〉 참조|.

원칙적으로 도농 주민과 도시 주민은 같은 것을 먹는다. 탄소발자국이 가장 많은 가구는 "독창적으로" 먹는 가구이다. 식비(특히 외식비)는 소득 수준에 따라 상당히 큰 차이를 보이므로, 구매력이 평균 이상인 사람이 제일 문제다.

그리스 예술가 안드레아스 안젤리다키스Andreas Angelidakis의 비디오[5]는 오늘날 에너지 소비의 주원인 중 하나가 소비재 이동임을 환기시킨다(프랑스에서는 소비재 이동이 탄소발자국에서 가장 큰 비중을 차지하는 항목이다). 소득 역시 차이를 유발하는 요인으로, 탄소 배출과 관련하여 거주 지역보다 훨씬 중요하다.

그러므로 엘렌 르 테노는 인구가 분산된 공간이 그 자체로 조밀한 도시보다 탄소 배출량이 높은 것은 아니라고 말한다. 상당수 자료는 오히려 그 정반대임을 증명한다. 생활수준과 구매력이 다소 평균 이하인 도농 주민이 도시 주민보다 탄소 발자국이 적은 것이다. 생활양식의 지속가능성에 대한 논쟁은 지리적 위치(조밀한 도시 대 분산된 도시)보다는 단거리 유통경로 대 장거리 유통 경로와 관련이 있다.

> **단거리 유통 경로**
> 상품이 짧은 거리를 이동하는 유통망으로서, 생산자와 소비자 사이의 중개자가 줄어든다(그 반대는 장거리 유통 경로이다).

---

5 안드레아스 안겔리다키스의 비디오 작품 〈길들인 산La Transhumance Fantastique〉(2012)은 교외를 단지 물리적 장소가 아니라 인터넷의 영토로 고찰한다. 더 이상 집은 없고 온라인 소비 시스템만 있다. 이 욕망하는 기계의 핵심에서, 교통수단은 무용한 상품을 운송한다. 이 작품은 다음에서 볼 수 있다. cn.forumviesmobiles.org/node/1016

전 지구적 모빌리티에서 식품 거리[6]

존 어리John Urry, 《석유 너머 사회Societies Beyond Oil》

사회학자 존 어리는 《석유 너머 사회》에서 석유 매장량의 유한성이 미래 지구적 문제의 핵심이라고 말한다. 이 독특하고 필수불가결한 자원으로 인해 "자연과 분리되고" 속도를 특징으로 하는 교통수단이 생겨났다. 석유는 현대 이동적 생활양식에서 핵심적이다. 이런 생활양식은 집과 직장과 여가 활동의 물리적 분리에 기초하기 때문이다.

석유로 인해 사회는 네 가지 유형의 모빌리티에 의존하게 되었다. '식품 거리(식량 운송)', '컨테이너 거리(상품 운송)', '가족 거리 및 친구 거리(장거리에서 관계 유지에 필요)', '동료 거리(직장과 직업의 구조 변화에 기인)'가 그것이다. (특히 제철음식이 아닌 음식을 먹기 때문에 생기는) 식품 거리는 극단적 탄소 소비의 주범이다. 유럽의 전통적 아침식사 한 끼를 구성하는 사과, 빵, 버터, 치즈, 커피, 크림, 오렌지주스, 설탕 등의 식품들이 이동하는 거리는 지구 둘레와 같다. 아울러 이른바 "녹색혁명" 이래로 농업에는 엄청난 에너지가 소비된다.

출처: John Urry, *Societies Beyond Oil*, Zed Books, 2013, p. 224.

6　(역주) food miles 식품이 생산자로부터 소비자에게 이동하는 데 드는 거리와 에너지.

위기에 적응하기

위기에 대처하려면 생활양식을 바꾸어야 한다.
도농 지역은 유연하기 때문에 그렇게 할 수 있다.
이 지역은 새로운 필요나 제한에 대응하여 쉽게 변화하고
다시 조직되고 발전할 수 있으며,
그래서 제도적 틀 바깥에서 작동하는
개인적·집단적 활동이 많다.
이러한 비공식적 실천 덕에
도농 지역은 "위기 중의 특별한 완충지대"가 된다.

석유 파동의 영향

에너지 위기와 경제위기가 도농 지역 주민에게 미치는 영향을 알아보고자, 경제학자 이브 크로제Yves Crozet의 분석망을 활용하여 취약성의 세 단계를 구별하였다.

- 첫째, 주민은 '파동'(예컨대 유가 상승)에 노출될 수도 있고 노출되지 않을 수도 있다.
- 둘째, 주민은 이 파동에 대한 민감도가 높을 수도 있고 낮을 수도 있다(역세권에 살면서 기차로 출퇴근하는 사람은 매일 승용차로 장거리 통근하는 사람보다 유가 상승에 덜 민감할 것이다).
- 셋째, 위기에 직면한 개인마다 회복탄력성이 클 수도 있고 작을 수도 있다. 이는 습관을 바꾸고 변화에 적응하는 능력에 달려 있다. 교통수단을 바꿀 능력이 있는가? 카풀이나 대중교통으로 바꾸는 것이 수월한가?

이브 크로제에 따르면, (농촌 주변에 살며 대중교통에 접근하기 어려워서 주로 자가용을 이용하는) 근촌 주민이 석유 파동에 특히 민감하다. 이들은 전체 지출의 20퍼센트를 이동(특히 통근)에 사용하는 것으로 추산된다. 회복탄력성은 주로 소득수준에 의존하는데, 경제위기 때문

> **회복탄력성**
> 충격을 겪고 나서 균형 상태로 빠르게 돌아가는 능력

에 소득수준은 내려가는 추세이다. 미레유 불로Mireille Bouleau와 뤼실 메트탈Lucile Mettetal이 2012년 일드프랑스 지방 개발 및 도시계획연구소 의뢰로 수행한 조사에 따르면, 주민들은 배럴당 원유 가격 상승에 연동되는 물가 인상을 주요 화제로 삼았다. 그들은 이동에 드는 비용(주로 승용차 유지비)에 대해 이야기하면서 그 비용을 정확하게 말했고 경제적인 차를 사겠다고 했다. 유가 상승에 타격을 받는 주민들은 적응 전략을 쓸 수밖에 없다.

취약성에서 회복탄력성으로

엘렌 르 테노는 에너지 위기와 경제위기에 대응하려면 지역 차원에서 기술적이고 조직적인 해결책을 마련해야 한다고 말한다. 그 해결책은 도농 지역의 거대한 생산적 잠재력에서 찾을 수 있을 것이다. 이 지역은 아직까지 상대적으로 개발이 덜 되어 있기 때문이다.

예를 들어, 도농 지역은 주민 1인당 지붕 면적이 넓어서 주민들이 태양전지판으로 전기를 생산하여 추가 수입을 올리고 이로써 여타 비용 상승분을 상쇄할 수 있다. 텃밭에서 과일과 채소를 재배하거나 텃밭을 다른 사람에게 임대할 수도 있다. 일드프랑스 지역의 장식용 정원 중 식재료 재배에 활용하지 않는 면적이 수백만 제곱미터에 달한다. (사유지이지만 잠재적으로 과수나 채소를 기를 수 있는) 땅은 도농 지역 가구에 추가 소득을 안겨 줄 잠재력이 있다. 도농의 소비, 생산, 자기조직화 행동은 아직 미약하므로 탈바꿈할 잠재성이 충분하다. 또한 도농 지역은 인구밀도가 낮아 도심보다 생태적 전환을 이루기 유리하다.

나아가 파올라 푸치가 보여 주는 것처럼, 도농 지역의 주거 형태를 대표하는 단독주택은 경제 상황이 어려울 때 가족 변화(나이, 수 등)에 적응하는 데 유리할 뿐 아니라, 재정적 이유로 공동생활을 하는 등의 변화에 적응하기도 용이하다. 한 가구가 거주하도록 설계된 집이라도 (층수를 늘리거나 차고를 작업장으로 바꾸는 등) 몇 가지만 고치면 여러 가구가 장기간 거주할 수 있다.

무엇보다 도농 지역은 미시지역적이고 비공식적인 활동 영역 중 특히 모빌리티와 에너지 분야에서 가장 큰 영감을 불러일으킨다. 지자체 수준이

비공식성
제도적 틀 바깥에서 이루어지는 개인적·집단적 활동. 비공식성은 때로는 위법이지만 꼭 위법인 것은 아니므로 비합법성과는 다른 개념이다. 히치하이킹, 부패, 과일 노점 등이 있다.

건, 하나의 조직이나 소기업 혹은 공동체 수준이건 간에, 이런 활동들은 일상적인 고충과 문제에 대처하기 위해 이루어진다. 이노센트 치리사Innocent Chirisa가 연구한 짐바브웨의 사례, 미레유 불로 · 뤼실 메트탈의 프랑스 도농 지역 연구, 프랑스 노랜드 집단noLand Collective 사례 연구, 그리고 판 리스하우트 아틀리에의 실험 |80쪽 인터뷰 참조|에서 여실히 나타난다.

이노센트 치리사의 보고를 보면, 짐바브웨 수도 하라레의 교외 농촌 지역에 있는 엡워스Epworth 마을 주민들은 경제위기와 에너지 위

기에 대처하기 위해 생활양식을 바꿨다. 석유가 근교 지역까지 전달되지 않아 엡워스 주민들은 석유를 얻기가 무척 힘들었다. 이 대체 불가한 자원의 가격이 오르면 주민들은 극단적으로 취약한 상황에 처한다. 수도 하라레에 가는 것, 일터로 가는 것, 수도에 있는 행정 서비스·의료 서비스·기타 서비스 등을 이용하는 것, 장보러 가는 것 등이 모두 점점 어려워진다. 또 휘발유를 사야 발전기를 돌려 대부분의 지역 상점이나 가정이 쓰는 전기를 생산할 수 있다. 엡워스 주민들은 휘발유를 사러 하라레로 가는 데에도 휘발유를 써야 하고 그래서 휘발유를 더 많이 사야 한다.

웹워스 주민들은 현지의 비공식적 경제에 주목하고 있다. 톱밥, 플라스틱, 등유를 재활용하거나 태양에너지를 활용하여 에너지를 자체 생산하는 것이다. 이런 변화 덕분에 그들은 더욱 지역에 뿌리내리게 되었다. 이를 통해 엡워스 주민들은 이동 시간(엡워스는 하라레에서 100킬로미터 떨어져 있다)을 절감할 뿐 아니라 연료 구입비도 절약하고 있다.

미레유 불로와 뤼실 메트탈은 프랑스 도농 지역 주민들이 경제위기와 에너지 위기에 적응했음을 보여 준다. 그들은 재정적 자원과 석유 자원 감소에 대처하기 위해 생활양식을 조정함으로써 상호부조와 금욕이라는 전략을 실천하고 있다. 동네의 연대(가령 자녀의 등하교를 공동 조직함)나 가족의 연대(노인이나 모빌리티 약자를 상점, 문화센터, 보건소 등에 데려다줌), 그리고 실업 중에 일어나는 일종의 일시적 연대를 실천하고 있다. 주민들은 이동을 줄이기 위해 공동체 안에서 삶을 영위하거나 지역의 가게에서 장을 보는 등 자기가 사는 지역에 더 집중한다.

그러나 이처럼 강한 연대감과 풍부한 집단지성에도 불구하고, 상호부조의 구조는 허약하며 그 한계가 분명하다는 점을 간과해서는 안 된다. 가족의 지원을 받지 못하거나 새로 전입한 사람은 이 시스템에서 종종 배제된다. 이런 사람들은 자신이 개인적 위기나 지구적 위기에 취약하다는 감정을 절실하게 표현한다.

신유목민의 모빌리티 문제를 둘러싸고 네 명의 학자와 예술가가 모인 노랜드 집단은 더 멀리 나아간다.

"근교는 중간적 위치에 있기 때문에 도시나 시골이 할 수 없는 활동을 수용하기 쉽다. 예를 들어 임시 설치 작업 등이 그렇다. 임시 설치물들은 이런 것을 싫어하는 현대적 도시에 세워지면 위태롭기 짝이 없다. 그러나 근교는 이해해 줄 수 있다."

비관습적 활동을 펼치는 사람들은 도농 지역에 이끌린다. 스스로 만들어 나갈 수 있고 비공식적이라는 특별함을 지닌 장소이기 때문이다. 도농 지역은 아주 주변적인 실천까지 모두 수용할 수 있다.

"AVL 마을은 살아 있는 예술작품이었다"

유프 판 리스하우트는 우상 파괴적인 예술가이자 디자이너다. 그는 1995년 로테르담에 '판 리스하우트 아틀리에Atelier Van Lieshout(AVL)'를 세웠다. AVL은 기계, 조각, 가구, 건물, 설치, 유토피아 도시 개념 등을 담은 다양한 작품을 생산하여 국제적으로 인정을 받았다. AVL 마을은 유토피아 공동체다. 이 마을의 운영 방식은 복잡한 윤리적 모순으로 뒤얽힌 현대사회의 논리를 극단까지 밀고 나간다.

AVL 마을은 예술적 프로젝트인가, 정치적 유토피아인가?
두 요소가 다 있지만, 예술이 먼저다. 예술가가 자기 예술의 궁극적 표현을 발전시키고 성취하려면 기존 구조에서 자유로워야 한다. 시민적 삶의 도덕적 압력에 굴복하면 안 된다. AVL 마을의 일차적 목표는 이것을 가능하게 하는 것이다. 그래서 제약이 최소화되고 예술적 창조성의 발전에만 집중하는 '국가'를 창설하였다.

AVL 마을의 기원은 무엇인가? 독립적이고 생태적으로 지속가능하고 자연적인 유토피아 공동체는 어떻게 세워진것인가?

권력, 정치, 자급자족 같은 문제는 늘 우리 아틀리에 작업의 핵심 주제였다. 따라서 이 문제가 AVL 마을을 세우는 토대였다. 이 유토피아 마을의 주민은 자연을 존중하며 자족적으로 살고 일한다. 마을에는 아주 크고 창조적인 작업장과 식량을 생산하는 이동 농장이 있으며, 자체 발전시설과 정수시설도 갖추어져 있다. AVL 마을은 우리 아틀리에가 이전에 해 온 작업들의 정점이었다. 우리는 비단 감상하는 데 머물지 않고 그 안에서 살아갈 수 있는 예술 형식을, 그 안에서 존재할 수 있는 장소를 창조해 왔다. AVL 마을은 성공적이고 떠들썩한 한 해를 보낸 뒤 문을 닫았다.

공동체는 어떻게 조직되었는가?

AVL 마을은 야외 박물관과 자유국가 사이 어딘가에 있다. 살아 있는 예술작품이었다. 많은 사람이 바로 그 장소에 실제로 살았다. 네 개의 조립식 건물에서. 발전시설과 정수시설 외에도 비료화 처리 화장실과 농장이 있었으며, 무기·폭탄·의약품 등을 만드는 작업장이 있었다.

'환희의 전당'은 카페이자 식당이자 나이트클럽이었다. 많은 요리사(예술가, 주방장, 토속음식 마니아)를 초청해 호성대한 잔치를 벌였다. AVL은 적정한 가격에 맛난 음식을 먹을 수 있는 식당을 운영하여 그 수입으로 이 자유국가의 비용을 충당할 계획이었다.

우리는 열두 개 항목으로 구성된 헌법을 제정했으며, 모든 민주국가와 마찬가지로 동등한 권리와 자유를 보장했다. 다른 민주국가와의 차이는 이러한 기초적 법 조항이 절대적으로, 즉 예외 없이 적용된다는 것이다. 예외라는 관념을 제거했기 때문에 AVL 마을의 스트레스 수준은 매우 낮았다. 갈등은 공동체 내에서 해소되어야 한다. 만일 그렇지 못하면 이 영토를 떠나야 했다.

로테르담을 택한 이유는 이 도시가 일종의 경계이기 때문이었나?

아니다. 로테르담을 선택한 것은 AVL 마을을 세우기 전부터 우리 작업장인 아틀리에가 거기 있었기 때문이다. 어쨌든 그곳의 위치는 이상적이었다. 버려진 항구 지역이었던 것이다. 우리는 그곳에서 이런 프로젝트를 자유롭게 실행할 수 있다고 생각했다.

이 장소는 특별히 근교의 특징을 지닌다고 생각하는가?

'근교의 특징'이 규칙이 조금 덜 엄격하게 적용되고 도심에서 할 수 없는 활동을 조직할 수 있는 어떤 황무지 같은 것을 의미한다면, 맞다. 그 밖에도 임대료가 낮아서 뜻을 함께하는 사람을 끌어올 수 있었다. 이런 장소는 부지불식간에 창조적 중심이 될 수 있다. 애석하게도 현재 로테르담에서 그러는 것처럼 정부가 대응하려 한다면, 다시 제약이 생겨나고 창조적인 사람은 떠난다. 만일 우리에게 권한이 있다면 그런 일은 일어나지 않을 것이다.

AVL 마을의 후속작도 계획하고 있다. 2013년 6월 8일에 열릴 AVL 세상은 우리와 다른 예술가의 작업, 정기 이벤트, 퍼포먼스, 영화, 콘서트, 만찬을 포함하는 거대한 예술적 이벤트가 될 것이다.

지역의 실천을 어떻게 제도화할 것인가?

마르크 뒤몽Marc Dumont은 프랑스의 인구 분산 지역에서 승용차만 이용하는 행태를 바꿀 대안을 연구했다. 뒤몽의 연구를 참고하여, 주민이 스스로 조직한 모델을 정착시키기 위해 지역개발 담당 기관들이 어떤 시도를 했는지 분석할 수 있다.

주민들이 자체 조직한 활동은 여러 해 동안 점차 토대가 튼튼해졌다. 예컨대, 여러 사람이 힘을 합쳐 카풀과 자전거버스pedibus[7] 시스템을 만들어 냈다. 그렇지만 공공기관들은 이런 활동을 미처 대비하지 못하고 새로운 이동 실험을 전혀 예측하지 못하여 지원 방안조차 갖추지 못했다.

물론 프랑스의 일부 지역 공공기관은 그르넬환경포럼Grenelle Environment Forum[8]의 권고를 실행하는 데 있어서, 그리고 모빌리티 약자의 모빌리티 접근성 확대를 위한 입법을 실행하는 데 있어서, "대안 모빌리티"가 중요한 지

자전거버스

자녀를 윤번제로 인근 학교에 도보로 데려다주던 주민들이 조직한 운동. 표지판을 갖춘 정류장이 있는 특정 노선을 운행한다.

대안모빌리티

한 사람만 이용하는 자가용을 제외하고 카풀, 공유자동차, 응답형 교통수단,[9] 자전거, 스쿠터, 도보 등 모든 이동수단을 망라한다. 이런 이동 방식은 종종 속도를 낮출 권리를 요구한다.

---

7 (역주) 자전거처럼 페달을 밟아 이동하는 다인승 이동수단.

8 환경과 지속가능한 발전을 위한 장기적 결정을 내리기 위해 2007년 프랑스에서 열린 일련의 정치적 회의들.

9 이 정의는 110쪽 참조.

렛대가 될 것임을 깨닫기 시작했다.

대안적 모빌리티를 지지하고 나아가 계획하는 일은 때로는 순조롭지 않다. 카풀의 경우, 사용자의 즉흥적 행동 방식과 제공되는 서비스 사이에 간극이 생겨난다. 가령 카풀에 필요한 주차 공간이 부족하거나, 교통수단 변화를 촉진하기 위해 공공 부문이 마련한 인프라(자전거나 도보 이동을 위한 도시 지도 서비스, 자전거 주차장, 임시대피처 등)가 실제로 사용되지 않는 일도 흔하다. 자전거 타는 사람이나 걷는 사람이 순환도로 같은 장애물을 건너는 게 너무 위험해서 같은 순전히 실제적인 이유 때문에 말이다.

그래도 마르크 뒤몽이 소개하는 '자전거버스'가 잘 보여 주듯이, 공공의 의사결정권자가 승용차 사용을 대신할 대안을 발전시키는 것은 충분히 보람 있는 일이다. 이런 대안은 때로는 교통안전 정책이나 교통관리 정책의 일환으로 지지와 지원을 받는다. 특히 학교 근처에서 그렇다.

마르크 뒤몽이 사회심리학자이자 환경심리학자인 상드린 드포 Sandrine Depeau의 연구에 기초하여 말하듯이, 이런 조치에는 모든 참여자(조직, 부모, 지자체 대표자 등)가 참여하는 균형 잡힌 거버넌스가 필요하다. 공공기관이 지나치게 큰 역할을 담당하면, 자전거버스는 그저 공공서비스처럼 보일 위험이 있다. 그러면 부모들은 이것을 운영하는 데 흥미를 잃을 것이다. 이런 시스템은 부모 및 조직을 지속적으로 동원해야만 살아남을 수 있다.

사실 공적 행위에서 문제는 그 목적 자체라기보다는, 반응적이고

혁신적이면서도 허약한 방안을 지원하는 수단이다. 아니 푸르코가
연구한 20세기 도농에서의 "불량 분양"[10] 사례에서처럼, 시민들은 종

상향식 과정
시민사회에서 나오는 어떤 생각, 행동, 실천을 하나 이상의 공적 기관이 지원하거나 스스로 실행하는 것.

종 이러한 지원을 기대하고 희망하며 심지어 요구한다. 특히 단체나 지역 정당의 활동을 통해서 그렇다. 그러나 가장 오래 유지되는 조치는 이른바 상향식 절차, 즉 그들 자신이 주도하는 조치이다. 정부 지원은 이미 존재하는 소통 형식을 단지 안정시키도록 도울 뿐이다.

도시계획가인 장-마르트 오프네르는 근교에서 나타나는 새로운 행동 방식을 다른 지역에서도 재연하는 것이 중요하다고 말한다. 근교 지역에서 자체 조직되는 운동이 어떻게 확산되고 유지될 수 있는지를 연구한 올리비에 폴-뒤부아-텐느Olivier Paul-Dubois-Taine도 이에 동의한다. 한 지역의 경험과 혁신을 다른 지역으로 이전시키는 기획에 대한 지원 방안을 촉진하는 일련의 연구(특히 프랑스에서 환경에너지관리국ADEME의 '미래에 대한 투자' 프로젝트에서 지원하는 연구)들도 진행되고 있다. 예를 들어, 저탄소 자동차나 무탄소 철도 등의 해결책을 발전시키고자 하는 것이다.

---

10 제1차 세계대전과 제2차 세계대전 사이인 전간기戰間期(1918~1939) 주택 위기에 대응하기 위해, 투기꾼들은 대도시 교외에서 주택이 지어지지 않은 빈터를 노동계급 가족에게 팔았다. "조그만 판잣집을 구매자 스스로 짓거나 아주 작은 지역 건설사가 시었다." 이러한 '불량 분양' 주택은 10년이나 15년 동안 "진창에" 처박혀 있었다.

"우리 역할은 모빌리티를 최대한 편리하게 만드는 것"

에릭 프로피-브륄페르는 일드프랑스의 도농 지자체 메뉘쿠르의 시장이며 세르자-퐁 투아즈 대도시위원회의 도시개발 담당 부위원장이다.

지역 정책 수립에 모빌리티 문제가 왜 중요한가?

모빌리티를 올바로 이해해야 지속가능한 개발 정책을 수립할 수 있다. 승용차 이동을 규제하고 대중교통이나 도보, 자전거, 공유자동차, 카풀 등의 다른 이동 방식을 촉진하는 것은 아주 중요하다. 모빌리티를 이해하는 것은 도시계획, 인프라, 소매업 등과 관련된 공공정책 조정에 영향을 미친다.

근교 지역에서 특히 그런가?

수십 년 동안 지난 수십 년 동안 많은 소도시가 보다 밀집된 구舊도시 쪽으로 밀려 이동해 갔다. 근교는 대중교통 인프라가 부족하다. 버스 교통망은 출퇴근 시간에는 순조롭지만 낮이나 주말에는 그렇지 않다. 공공기금도 점점 줄어서 근교의 공공교통 인프라 발전에 도움이 안 된다.

이미 시행된 정책 사례를 들어 줄 수 있는가?

선출직 지방 공무원의 책무 중 모빌리티는 주요 관심사이다. 모빌리티는 시민의 일상에 큰 영향을 주기 때문이다. 우리가 할 일은 모빌리티를 최대한 편리하게 만드는 것이다. 이를 위해 우리가 직접 행위자로 나설 수도 있고 공유자동차[11]와 카풀 같은 풀뿌리운동을 지원할 수도 있다. 예를 들어 우리는 시 예산에 전기자전거 구입비를 포함시켰다. 원하는 메뉘쿠르 주민들은 조만간 사용할 수 있게 될 것이다.

모빌리티 문제는 공공정책 부문에서 당신의 생각을 풀어 나가는 데 도움을 주는가?

과거 지방 공무원들은 근린주구近隣主區[12]를 먼저 건설하고 그 다음에 인프라(공공행정, 서비스, 편의시설 등)에 대해

---

11 이 정의는 110쪽 참조.
12 (역주) 적절한 도시 계획에 의하여 거주자의 문화적인 일상생활과 사회적 생활을 확보할 수 있는 이상적 주택지의 단위.

고민했다. 지금은 2000년 제정된 SRU(연대와 도시재생) 법률 때문에 공공정책에 좀 더 포괄적으로 접근할 수 있게 되었다. 이 법률에서 나온 생각은, 이미 소규모 업체나 서비스가 풍부한 허브 역들의 밀도를 더욱 높인다는 것이다. 하지만 여기에는 큰 위험이 따른다. 인구가 조밀한 지역으로 일부 행정기관이나 소규모 업체 및 서비스가 흡수된다면 근교 소도시들이 빈곤해질 수 있다.

다른 예를 들어보자. 세르지퐁투아즈에서 수도권고속전철RER과 열차를 이용한 이동은 동서축(세르지프레펙튀르 역과 세르지르오 역 사이)을 중심으로 조직되었다. 일부 버스도 이 축을 활용한다. 다른 동네를 운행하는 버스들은 운행 시간이 어느 정도 제한적이다. 오틸 지역이나 뇌빌과

퐁투아즈를 잇는 도로에 남북축을 건설하고, 생투앙로몬 공업지대와 퐁투아즈 병원 지역을 위해 보다 빠른 셔틀 서비스를 제공할 필요가 있다.

사용자의 행동 변화를 촉진하기 위한 계획은 무엇인가?

특정 지역을 설계하는 것만으로는 태도를 변화시킬 수 없다. 인도가 없으면 부모는 안전을 우려해서 아이를 승용차로 통학시키게 된다. 우리는 몇 년 전 메뉘쿠르에서 도보 이동을 촉진하고자 자전거버스[14] 시스템을 만들었다. 그러나 부모들의 자원봉사에 의존했기에 이 노선은 거의 사라졌다. 다시 부활시키려면 아이들과 동행하는 사람을 전문적으로 훈련시켜야 할 것이다.

자전거도로가 너무 적고 여간해서는 이용되지 않는 상황은 공적 자금 낭비다. 자전거도로망을 신속히 확장하고 VélO2 네트워크[15]를 이 집적 지역의 모든 도시로 확장한다면 승용차를 어느 정도 포기하거나 완전히 포기한다는 생각이 더 빨리 받아들여질 것이다. (가령 세르지르오 역에서) 주차 공간을 억제하면 근교 열차와 RER 이용자가 불리해질 것이다. 메뉘쿠르와 오틸(인구 5만 명)의 경우에는, 서부연접노선(트램-기차)을 만든다면 새로운 이동 방식이 가능해질 것이다.

---

13   (역주) 파리를 중심으로 일드프랑스 지역을 왕래하는 철도망.

14   이 정의는 84쪽 참조.

15   (역주) 세르지-퐁투아즈의 공공 자전거 서비스.

지속가능한 모빌리티를 위하여

자동차를 과도하게 이용한다는 도농 공간의 이미지는
이 공간의 지속가능성이라는 또 다른 현실을 은폐한다.
이 지역은 대안적 모빌리티의 잠재력이 크다.
이 잠재력을 완전히 실현하지 못하고 있을 따름이다.
모바일 라이브스 포럼의 2차 회의에서 전문가들은
연구와 행동이 나아갈 새로운 길이 있음을 보여 준다.
지역에서 주도하는 해결책은
(아직 일반적이지 않더라도) 각 맥락에 따라
재활용하고 개조할 수 있다.
이런 해결책이 향후 도농 지역 모빌리티의 미래다.

도농에서 행동하기

도농의 공간과 생활양식은 다양하므로,
이 지역의 자동차 의존도를 낮추는 해결 방안도
다양할 수밖에 없다.
특정 종류의 대안적 모빌리티를 발전시키는 잠재력과
그 장애물을 (완전하게는 아니더라도) 분석함으로써
도농 지역 모빌리티의 해결 방안을 발견할 수 있다.

"자동차의 대안을 생각해 본다면, 근교의 삶의 구조, 형식, 질에 대해 다르게
생각해 볼 수 있다. 물론 교통분담률[1]을 급격히 변화시키기는 힘들다.
그러나 그 방법을 고민한다면, 모두 승자가 될 수 있는 대안적이고
질 높은 발전을 고려할 수 있다."

_자비에르 데자르댕Xavier Desjardins

잠재력 1:
차 없이 갈 수 있는 쇼핑센터

프랑스의 생활조건탐구관찰연구소Credoc의 보고에 따르면, 유럽에서 대형마트[2]의 시장점유율은 영국의 56퍼센트부터 네덜란드의 4퍼센트까지 다양하다. 대규모 소매점이 크게 늘어난 프랑스에서는 53퍼센트를 차지한다. 쇼핑센터는 보통 도시 변두리에 위치하는데, 자동차 접근성을 극대화하기 위해 방사형 도로와 고속도로 우회도로 사이에 많이 자리 잡는다. 자비에르 데자르댕은 엘레노르 로페즈-졸리베Eleonor Lopez-Jollivet가 프랑스 우아즈에서 실시한 조사를 바탕으로 도시와의 통합도를 기준으로 쇼핑센터를 다섯 종류로 구분한다.

- 도시 조직에서 떨어진 장소. 도로로만 연결되는 고립지이다.
- 도시 조직과 연속된 장소. 그러나 고속도로가 이 조직을 가르기 때문에 자동차 외의 다른 교통수단으로는 거의 접근하기 어렵다.
- 도로로는 쉽게 접근할 수 있으나 도보나 자전거를 위한 시설(횡단보도나 자전거 보관대 등)은 없는 장소.
- 도시 조직 안에 있는 장소. 원래 도보나 자전거로 접근하도록 설계되지는 않았으나, 비교적 틈이 많아서 그렇게 접근하기 쉽다.

---

1 (역주) 특정 교통수단이 전체 이동 인구 중에서 분담하는 이동 인구의 비율.

2 대형마트(하이퍼마켓 혹은 슈퍼스토어)는 식품 코너가 2,500제곱미터 이상인 상점.

- 도시 조직에 잘 통합되어 있는 장소. 애초에 도보나 자전거로 접근하도록 설계되었고 그렇게 접근하기 쉽다.

또한 자비에르 데자르댕은 쇼핑센터 형성에 몇 가지 트렌드가 영향을 끼쳤다고 말한다. 우선 여러 연구들이 쇼핑센터 근접성에 대한 수요가 비교적 높다는 것을 보여 준다. 소규모 상업 공간들도 생겨나고 있지만 도심이나 그에 인접한 교외에서 주로 그렇고, 도농 지역에서는 상업 공간의 군집화가 여전히 활발하다. 다른 연구들도 이런 상업시설에 대중교통 서비스가 큰 도움이 된다는 것을 보여 준다. 마지막으로 전자상거래(인터넷 쇼핑)와 모바일상거래(핸드폰 쇼핑)가 등장하면서 상품을 보는 곳과 사는 곳이 분리되는 경향이 나타난다.

이처럼 도농 지역에 전형적으로 나타나는 쇼핑센터가 정말 보행이나 자전거 같은 대안적 이동수단을 촉진할 수 있을까? 물론 그럴 수도 있을 것이다. 그러나 자비에르 데자르댕은 다음과 같은 몇 가지 장애물이 있다고 본다.

- 상점의 기능 문제. 슈퍼마켓의 한두 면은 배송에 쓰인다. 이것을 도시와 연결하는 일, 그리하여 보행 및 자전거로 접근할 수 있게 만드는 일은 꽤 까다롭다.
- 안전 문제. 상점 주인과 주변 주택가 주민 모두 쇼핑센터가 닫힌 공간이기를 원한다. 상점 주인은 사람들이 그곳에서 쓸데없이 어슬렁거리기를 원치 않으며, 주민들도 사람들이 자기 집 앞에서

어슬렁거리기를 원치 않는다. 전자는 브랜드 이미지가 떨어질까 봐, 후자는 안전하지 않다는 느낌 때문이다. 브랜드 이미지나 안전감은 사업 운영에 매우 중요한 요소다.

• 쇼핑센터는 승용차로만 갈 수 있다는 통념.

자비에르 데자르댕은 승용차 외의 수단으로 쇼핑센터에 접근하도록 만들려면 세 가지 사고방식이 필요하다고 제안한다. 모두 쇼핑센터를 도시에 통합하는 것이다.

• 첫 번째 사고방식은 미국의 '뉴어버니즘New Urbanism'[3] 사상에서 유래한다. 이 운동의 주창자들은 업무 지구에 오스망 스타일[4]의 작은 섬들을 만들고 여기에 (상업, 업무, 거주 등) 다양한 도시 기능을 담자고 주장한다. 그러려면 4층이나 5층 건물에는 1층에 사무실이나 녹지 등이 있어야 한다. 기능 다양화를 통해 도시를 변모시킨다는 이 아이디어는 유서 깊은 도시들을 본뜬 것으로, 원래 업무 용도로만 계획된 공간에 거주 기능, 밀도, 다양성, 근접성을 덧붙이는 것이다. (가령 기차역과 가까운) 몇몇 쇼핑센터는 이

---

3   (역주) 1980년대 미국에서 무분별한 도시 확산의 문제를 해결하기 위해 나타난 운동으로서, 대도시를 확장하기보다는 슬럼화된 도심을 전략적으로 재건할 것과 주거기능과 상업기능 등을 한 곳에서 해결할 수 있는 근린주구를 개발할 것을 주장한다.

4   (역주) 외젠 오스망Eugène Haussmann 남작이 건설한 19세기 파리의 도시 스타일로서, 한 건물이나 한 지구 안에 주거 및 상업 등의 다양한 기능이 존재한다.

런 공간을 창조하는 데 쉽게 이용될 수 있겠으나, 이런 경우가 흔하지는 않다.

- 두 번째 사고방식은 도시의 상이한 지역 사이의 투과성을 높이는 것이다. 1960년대 이래로 도시는 흔히 구역들로 분리되었다. 어떤 지역은 업무 용도, 어떤 지역은 주거 용도, 어떤 지역은 상업 용도가 되었다. 이 아이디어는 도로망을 더 밀도 있고 촘촘하게 만들어서 간선도로로 인한 차단 효과를 완화하자는 것이다. 이 방법은 비용이 비교적 적게 들지만, 몇몇 간선도로의 효용이 약화되는 부작용이 발생할 수 있어 실행하는 데 어려움이 있을 수 있다.

- 세 번째 사고방식은 '잠자리 에이전시Odonata Agency'의 에티엔 아베라Etienne Habera와 클레망 자크메르Clément Jacquemaire가 연구하는 것이다. 이들은 쇼핑센터가 보통 도로 교차로에 위치하므로 그곳에 환승 공간인 허브들을 만들자고 제안한다. 승용차를 타고 와서 대중교통으로 쉽게 갈아탈 수 있도록 하는 것이다. 이런 공간은 사람을 끄는 힘이 강력하다 |'Y 구상' 참조|.

이와 관련하여 자비에르 데자르댕은 유서 깊은 도심의 업무망을 복제하는 것은 반드시 피하라고 권고한다. 도농 공간의 특징은 사람을 끌어모으는 다양한 공간들로 이루어져 있다는 것이다. 쇼핑센터

Y 구상

프랑스 교통당국협업센터GART는 2011년 아이디어 공모전을 열어 2020년의 모빌리티를 조망할 미래의 지역 실천가들을 초청했다. 이 공모전에서 쇼핑센터 주변에 도농 모빌리티를 조직하자는 독창적인 제안을 내놓은 Y 구상이 대상을 차지했다. 도농 지역 주민들이 대부분 적어도 일주일에 한 번은 쇼핑센터를 찾는다는 점에서, 이 장소는 지역 주민의 집단적 상상의 일부를 차지한다. 그러나 에너지 전환에 성공하려면 언제나 기술적 해법과 사회적 혁신이 동시에 도입되어야 한다. 예컨대 쇼핑센터에 텔레센터[5]와 카풀 주차장을 확충한다면 이동의 동기들을 서로 결합시키고 좀 더 질 높은 모빌리티를 선호하게 만들 것이다. 모바일 라이브스 포럼은 Y 구상을 실험하기 위해 잠자리 에이전시와 함께 타당성 연구를 지원하고 있다. 이 연구의 목적은 주민들이 이런 종류의 장소의 활용 방식을 변화시키고 다양화시키는 데 적합한 지역을 찾아내는 것이다.

다음 홈페이지를 참조하라. www.agence-odonata.fr

---

5 (역주) 컴퓨터, 인터넷, 디지털 기기 등을 사용할 수 있는 공공장소.

는 물론이고 공원, 수역水域, 시장, 극장, 다목적 공간, 스포츠센터 및 문화센터 등은 사람을 모이게 하고 집단 정체성을 증진한다. 이런 지역적 중심지가 산포되어 있는 것이 도농 환경의 특징이다. 따라서 질 높은 대안적 모빌리티를 발전시키려면 이를 감안해야 한다.

잠재력 2:
자전거를 타고!

프레데릭 에랑Frédéric Héran은 대안적 교통수단은 인구밀집도 및 지역의 비즈니스 활동에 의거하여 설계해야 한다고 말한다|〈도판 10〉 참조|.

- 중심(인구밀도 높음)은 도보 이동과 지하철에 가장 알맞다.
- 도시 내부 변두리(인구가 덜 밀집됨)는 자전거와 버스가 가장 알맞다.
- 도농 지역(인구밀도 낮음)은 자전거가 가장 알맞다. 자전거만으로, 혹은 자전거와 대중교통으로 이동할 수 있다.

프랑스 도농 지역에서 일상적 통근에 자전거를 이용하는 일은 아주 드물다. 사실 고려 대상도 아니다. 그러나 프레데릭 에랑이 환기시키는 것처럼, 자전거는 1980년대에는 이동수단으로서 인기가 높았다. 독일에서는 지금까지도 자전거를 선호하며, 자전거의 교통분담률이 대

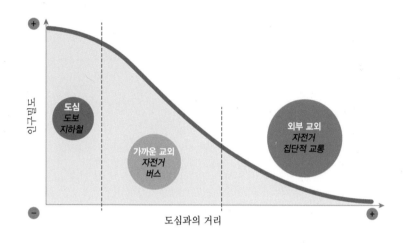

도판 10 교외에서 자전거 친화적인 인구밀도

도심
도보
지하철

가까운 교외
자전거
버스

외부 교외
자전거
집단적 교통

인구밀도

도심과의 거리

략 10퍼센트(프랑스는 2퍼센트)에 달한다. 북유럽 국가들에서도 모두 자전거가 여전히 인기가 많다. 도미니크 부셰Dominique Bouchet에 따르면, 덴마크에서는 거의 모든 마을이 자동차도로뿐 아니라 안전한 자전거도로로도 연결된다. 또 모든 학교가 자전거로 쉽게 갈 수 있다.

프랑스에서도 지난 15년 동안 거의 모든 도시에서 자전거의 교통 분담률이 증가했다.[6] 그러나 이런 경향 때문에 도심과 외곽 사이에

---

6 최근 프랑스 지방정부들이 연구 대상 지역 주민들의 이동 방식을 확인하기 위해 각 가정의 이동 실태를 조사한 표준화된 연구들에 따르면 그렇다.

상당한 격차가 있다는 사실이 은폐된다. 도심에서 자전거 이용이 늘어나고 있는 것은 의심의 여지가 없으나 외곽에서는, 특히 도농에서는 자전거 이용이 정체되거나 심지어 줄고 있다. 그래서 (사실 거의 모든 프랑스 도시에서 그렇지만) 스트라스부르에서는 도시 외부 교외보다 도심에서 자전거를 더 많이 탄다. 이 비율은 1980년대 말에 역전된 것이다|〈도판 11〉 참조|.

프레데릭 에랑은 이에 대하여 승용차 교통이 도심에 큰 부담을 주기 때문이기도 하고 도시 외곽에서 자동차 모빌리티가 정착되었기

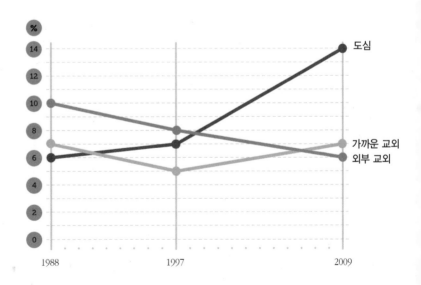

도판 11 스트라스부르에서 자전거 교통분담률 변화

때문이라고 한다. 후자는 특히 도로 건설, 그리고 자동차 교통에 용이하게 설계된 서비스 발달로 인한 결과다. "승용차로만"이라는 정서 때문에 자연스럽게 자전거 이동이 줄었다. 프랑스는 자동차도로망에 비교하면 자전거도로망은 거의 없다시피 한데, 특히 도농 지역이 그렇다. 자전거도로가 있더라도 여러 문제가 있다. 도로 설계를 그르쳐서 자전거를 타고 가다 서다를 수없이 반복하다가 아예 멈추기 일쑤다. 또 종종 도로 표면이 불량하고 조명이나 노면 경사 등도 전체적으로 자전거 타기에 부적합하다. 도농 지역에서는 으레 자전거 타기가 불편하고 피곤하며 위험하다.

프레데릭 에랑은 이런 일을 바로잡는 것이 어렵지 않다고 말한다. 도농 지역은 토지가 넉넉하고 값싸기 때문에, 자전거 이용을 촉진하기 위해 자전거도로망을 꾸준히 발전시키는 데 있어서 장애가 적고 자전거 이용의 잠재성도 상당하다. 2010년 런던을 대상으로 한 연구에 따르면, 이동의 25퍼센트가 자전거로 이루어졌는데 이는 외런던,[7] 즉 런던 외곽의 상당 부분까지 그랬다. 프랑스의 대도시 릴Lille을 연구한 바에 따르면, 모든 이동의 거의 50퍼센트가 자전거로 이루어졌다. 프랑스 피카르디 지방에서 인구가 산재한 근교 지역을 연구하는 기업인 브레스+마리올Brès+Mariolle도 같은 결론을 내렸다.

따라서 프레데릭 에랑은 이렇게 권고한다.

7　(역주) 외런던은 런던의 내부인 내런던 주위를 둥글게 둘러싼 자치구들의 통칭이다. 1965년 대런던의 일부가 되었다.

- 자전거 로망을 연속적이고 촘촘하게 만들고, 얀 르 갈Yan Le Gal이 제시한 감속 모델|〈도판 12〉 참조|에 기초하여 주축 도로에서 자동차의 속도를 낮추는 계획도 추진할 것.
- 교통신호가 있는 교차로를 없애고 자전거 육교를 짓고 도로 단면을 바로잡는 방향으로 자전거도로를 발전시킬 것.
- 자전거를 개량할 것. 자전거가 가벼워지면 효율이 훨씬 개선될 것이다(가령 동일한 힘으로 빨리 달림). 예컨대 전기 보조장치가 있는 자전거[8]는 효율이 2배가 될 것이고 누워서 타는 자전거는 3배가 될 것이다.

교통분담률과 교통전환

교통분담률은 특정 교통수단(승용차, 자전거, 기차 등)을 사용하는 이동의 비율이다. 교통전환은 어떤 교통수단의 교통분담률은 늘고 다른 교통수단의 교통분담률은 줄어드는 것이다.

경제학자들에 따르면, 인구밀도가 낮은 지역은 자전거 이용이 늘 수밖에 없다. "경기침체가 계속되거나 환경 위기가 악화되거나 새로운 세대가 등장하면, 우리는 자전거를 아주 다른 관점에서 보아야 할 것이다."

---

8   전기 보조장치를 갖춘 사전서에는 페달 밟는 힘을 증폭하는 배터리가 장착되어 있다. 그러나 이 배터리가 페달 밟기를 대체하지는 않는다.

도판 12 자동차 감속을 위한 범지역적 계획

1 주도로의 확정

 인구밀도 높은 도시 공간

 도시 공간

 자연 공간

 숲

간선도로

주도로

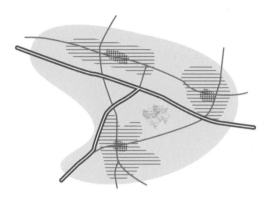

2 새로운 속도제한 규정

교통정온화靜穩化 지역[9]

최대허용속도

시속 30킬로미터

시속 50킬로미터

시속 70킬로미터

시속 90킬로미터 이상

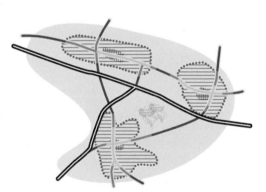

3 도보 지도 및 자전거 지도 작성

보행 길 및 자전거도로

교통정온화 지역 내부에서

 회합지역

 대안으로서 도시 디자인
최소화 지역

주도로에서

안전구간

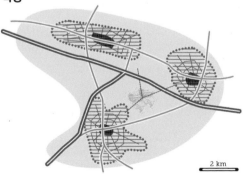

2 km

잠재력 3:
승용차가 다니는 장소를 다시 규정하기

얀 르 갈은 대안적 교통수단이 발전하려면 승용차가 다니는 장소에 대해 문제를 제기해야 한다고 제안한다. 대낭트의 도시계획청에서는 여러 지역을 오가는 자동차 속도를 낮추는 계획을 실행했다. 이러한 정책을 통해 흥미로운 미래의 전망을 엿볼 수 있다.

이는 네 단계로 이루어진다.

① 주도로와 보조도로를 구별한다.
② 도로 유형에 따라 속도제한을 새로 만든다(고속차로 90킬로미터, 동네 바깥 50킬로미터, 동네 안 30킬로미터, 그 외 모두 70킬로미터). 속도제한 덕분에 자동차도로를 좀 더 좁게 만들어도 된다. 그 대신 "부드러운" 교통수단(자전거, 롤러블레이드, 보행 등)을 위한 길을 만들 수 있으며, 따라서 이런 교통수단들은 더 안전해질 수 있다.
③ 여러 지역을 망라하는 도보 지도와 자전거도로를 만들고, 동네 안이나 동네 사이의 걷는 길과 자전거길을 네트워크로 묶는다.
④ 이러한 보행 친화적이고 자전거 친화적인 계획을 실행에 옮긴다.

---

9 (역주) 교통성온화 지역은 자동차 운전자, 보행자, 자전거 이용자의 안전을 보장하기 위한 설계(과속방지턱 등)나 기타 방안(속도제한 등)이 적용된 지역.

잠재력 4:
대중교통 및 공유교통 발전

도농 지역은 대중교통 서비스가 도시 지역보다 훨씬 부족하다. 대중교통 서비스가 주민의 수요에 부응하려면 지역 공동체 및 대중교통 서비스 제공자가 받아들일 만한 비용이라는 결정적 문턱을 넘어야 한다. 그런데 도농 지역은 집들이 비교적 흩어져 있고 인구밀도도 낮아 그러기 힘들다.

  마르크 뒤몽은 대중교통 발전을 늦추는, 널리 알려져 있지 않은 두 가지 요인을 지적한다.

• 첫 번째 요인은 어디에나 승용차가 있고, 승용차가 도로에 영향을 미친다는 점이다. 때로는 도로가 너무 협소해서 대중교통에 적합하지 않다(특히 도로 너비 규정 때문인데, 도로가 너무 좁아서 버스가 지나가기 어렵거나 아예 불가능하다). 도로 크기는 쉽게 바꿀 수 없다. 그뿐 아니라 기차역 주변 지역에 승용차, 모페드moped,[10] 자전거의 주차 공간을 추가 설치하기가 어렵고 그래서 환승[11]도 어려워진다.
• 두 번째 요인은 대안적 모빌리티 발전에 필요한 것이 때로는 다

---

10 보조기관을 장치한 자전거 또는 배기량 50cc 이하의 초경량 오토바이.

11 이 정의는 100쪽 참조.

른 사회적 필요와 충돌한다는 점이다. 예를 들어, 우리는 집 근처에 버스 노선이 생기면 좋아하지만, 이로 인한 소음, 교통정체, 오염 등의 폐해는 받아들이지 않으려 한다(때로는 결단코 배격한다).

공유차동차Car sharing
여러 사용자가 하나의 승용차를 공유하는 것. 지역 공동체가 주도할 수도 있고, 개인들의 사용계약이나 승용차 공동구매로 이루어질 수도 있다.

응답형On-demand 교통
고정된 일정이나 노선에 묶이지 않는 공공이나 민간의 집단 교통서비스. 보통 버스나 밴으로 이루어진다.

그럼에도 지역에서 카풀, 공유자동차, 응답형 교통을 정착시키는 운동이 발전하고 있다. 이러한 이동 방식은 특히 도농 지역에 적합하다. 도농 지역 도로망이 점점 개선되면서 이러한 이동 방식으로 '도어 투 도어' 교통서비스가 가능해지고 있는 것이다. 또한 이런 이동 방식을 이용하면 종래의 대중교통보다 유연하게 스케줄을 관리할 수 있다.

"연장통을 열고
'자, 해 봐!'라고 말하자"

루도비크 뷔는 주차장 건설, 개조, 관리 회사인 새메스Saemes에서 마케팅 · 개발 · 소통 담당 영업부장으로 일하고 있다. 또한 모빌리티에 대한 새로운 사고방식을 발전시키고 교통이 환경에 미치는 영향을 줄이기 위해 부아튀르Voiture & Co.와 모빌리티플러스Mobility+를 창업했다. 그는 모빌리티에 대한 블로그를 운영하고 있으며, 2010년 《교통, 지구, 시민Les Transports, la planète et le citoyen》(공저)이라는 책을 냈다.

모바일 라이브스 포럼의 2차 회의가 근교에 대한 생각, 그리고 모빌리티에 있어 근교의 잠재성에 대한 생각을 바꾸는 계기가 되었나요?
이 회의 덕분에 종종 단순하고 우스꽝스럽게 묘사되는 어떤 문제가 실상 얼마나 복잡한지 눈을 뜨게 되었습니다. 근교는 나쁘다는 묘사 말입니다. 근교는 친환경적이지 않고 근교의 생활방식은 개인주의적이라고들 하죠.
이렇게 말하는 사람들은 승용차 없이 다닐 수 있는 도시의 사례로 파리를 들면서 근교 지역 주민을 보면 악몽이라고 합니다. 집집마다 차가 3대 정도씩 있으니까요.

실제 파리 가구의 50퍼센트는 차가 없습니다. 맞아요. 하지만 나는 일드프랑스 가구의 30퍼센트(그리고 도농 지역의 10퍼센트)도 차가 없다는 것을 알아냈지요. 또 일드프랑스 주민의 28퍼센트는 전혀 파리에 가지 않는다는 것도 알아냈습니다. 저런 말을 하는 사람은 언제나 '도심'이 먼저 있고 그 주변에 다른 영토가 조직되어 있다는 식으로 말합니다.

물론 늘 그런 것은 아닙니다. 현재 내가 내린 결론은 우리가 어떤 지킬 수 없는 약속을 믿으며 살고 있다는 겁니다. 직장에서 멀리 떨어진 곳에 살면서 매일매일 한 지방을 통째로 가로질러 출퇴근할 수 있다는 약속 말입니다. 어느 정도 합당한 거리 안에 살아야만 통근이 유지될 수 있어요. 파리에서 50킬로미터 떨어진 곳에 살면서 스트레스나 피로도 없고 지각도 하지 않으면서 매일 출퇴근할 수 있다고 기대하면 안 되겠지요. 차가 막히고 도로망이 낙후되었기 때문에 이런 방식은 더 이상 안정적으로 유지될 수 없습니다.

근교의 모빌리티를 편리하게 만드는 방안은 무엇일까요?
이 질문에 가령 대*파리에 주요 인프라를 건설한다는 식의 대답은 올바르지 않습니다. 주요 인프라는 몇 년만 지나도 비효율적이 되고 포화되어 버리지요. 각 지자체가 인프라 유지비를 더 이상 지원하지 않고 환경 비용도 높아지기 때문입니다. 그런데도 우리는 이런 비현실적인 모델을 계속 좇고 있어요.

우리는 이용자가 합리적으로 선택하도록 만들지 못하고 있습니다. 예를 들어, 콘서트나 공연을 보러 갈 때 승용차 한 대를 세 사람이 타고 온다면, 그리고 승용차의 남은 좌석도 인터넷을 통해서 같은 지역 주민에게 제공한다면, 주최측이나 지역공동체에서 입장료를 깎아 주어야 해요. 그리 어려운 일이 아닙니다.

예를 더 들어 볼게요. 최근 라로셀 근처 작은 지자체의 장과 이야기를 나누었는데, 그분은 "버스가 필요해요. 꼭 필요합니다"라고 했죠. 저는 주민 5백 명의 마을을 위해 버스 서비스를 구축하면 승객이 일주일에 2명밖에 없을 거라고 말해 주었습니다. 버스는 텅 빈 채로 돌아다니고 돈만 어마어마하게 들어가겠죠. 이런 버스에 돈을 쓰느니 다른 마을과 공동으로 (장기 임차 방식 등으로) 자동차를 여러 대 장만해서 공유자동차를 운영하는 게 낫습니다. 또 여러 대의 자동차를 공유하는 사람에게는 우대요금을 책정해야 합니다. 이런 시스템은 지역공동체와 함께 운영해야 해요. 민간 운송업체는 주민이 5백 명밖에 없는 마을에는 절대 안 들어오거든요.

만일 이 공무원이 한 발 더 나아가고자 한다면, 특히 (청년, 노인 등과의) 연대를 발전시키는 데 있어서 한 발 더 나아가려 한다면, 인터넷 홈페이지를 통해 승용차 이용을 조율하게 만들 수 있어요. 차를 빌릴 때마다 도착 지점을 지정하고 탈 수 있는 좌석이 몇 석 남아 있는지 보여 주는 것이지요.

문제는 프랑스의 시스템에 규제가 너무 많다는 겁니다. 교통서비스를 제공하는 데 있어서 공공서비스의 민간 위임을 규제하는 허다한 법규 때문에 이런 식의 노력이 속도를 내지 못하고 억제되고 있습니다.

고속도로나 고속철도 같은 거대 인프라를 계속 발전시킨다는 상상은 이제 그만해야 합니다. 이미 있는 인프라를 극대화하고 더 효율적으로 만들어야 해요. 예를 들어 보르도의 외곽순환도로가 포화상태인 것을 두고 토론이 벌어지고 있는데, 차로를 더 만들 것인가 주요 쟁점입니다. 결코 그래서는 안 됩니다! 그건 이미 무너져 가는 논리이기 때문이지요. 환경 비용은 말할 것도 없고요. 3년 후면 다시 교통정체가 일어날 거예요. 그럼 어떻게 하지요? 차로를 또 만들어요?

차로 하나를 버스와 카풀 차량만 쓰게 하면 어떨까요? 훨씬 싸게 먹히지요. 중요한 점은 이 편이 훨씬 효율적이라는 겁니다. 그렇지만 정치인이 이를 관철하기는 힘들어요. 40년이나 묵은 악습을 버려야 하니까요.

우리는 정치적으로 용기가 부족한가요?

프랑스에서 교통과 관련한 사고방식의 문제는 교통수단만 생각하고 이용자는 생각하지 않는다는 겁니다. 내가 관심을 가지는 것은 어떤 승용차가 어디론가 간다고 할 때 이 승용차를 어떻게 이용할 수 있는가 하는 것입니다. 공유자동차인지, 카풀인지는 중요하지 않아요. 이런 것을 모두 조합해야 합니다. 제 걱정은 어떤 종류나 범주를 만들어 내고는 이 틀에 따라서 이런 노력을 몽땅 규제하려고 시도한다는 거예요. 이런 노력은 오히려 격려해야 합니다. 연장통을 열고 "자, 해 봐!"라고 말하자고요.

우리 앎을 넓히기

해결 방안을 정확하고 효율적으로 시행하거나
또 다른 해결 방안을 만들어 내려면,
도농 모빌리티의 특수한 성격과 그 문제에 대해 더 알아야 한다.
모바일 라이브스 포럼 2차 국제회의에서 소개된
여러 연구 방향은 바로 그것을 추구하고 있다.
이런 연구들은 물건과 사람의 모빌리티 구조에
초점을 맞추고, 위기와 사회 진화에 적응하는
도농 모델(들)의 견실함에 초점을 맞춘다.

연구방향 1:
대안 모빌리티는 어느 정도까지 확산될 수 있을까?

베누아 콩티는 통근 때문에 대안적 이동 방식이 생겨난다고, 특히 카풀 같은 공유 교통수단을 활용하게 된다고 말한다. 그렇다면 여가, 쇼핑, 교육, 병원 방문 같은 통근 외에 다른 목적의 이동은 어떤 영향을 받을까?

나아가 대안 모빌리티[12]는 어떤 지리적 범위에 적합한가? 장거리 이동에 활용될 수 있을까? 일상적 이동에는? 만일 그렇다면, 어떤 조건에서 그럴 것인가?

연구방향 2:
도농 지역은 단거리 유통 경로의 온상인가?

엘렌 르 테노는 도농 모빌리티의 지속가능성을 진심으로 원한다면 식료품 소비에 초점을 맞추어야 한다고 강조한다. 파리발드센Paris-Val-de-Seine 국립고등교육원의 알레트 피카르Aleth Picard는 도농 지역에서 지금과 다른 방식으로 소비가 이루어질 수 있다고 말한다. 농경지

---

12 이 정의는 84쪽 참조.

대와 가깝기 때문이다. 이런 지역에서는 단거리 유통 경로[13]가 적합하다. 소비자는 더 건강하고 안전한 식품을 공급받을 수 있으며 화석연료 소비도 줄어든다. 농부에게는 노동조건이나 직업적 지위가 개선된다는 장점이 있다.

그러나 이 때문에 식료품 생산 조건 측면에서 문제가 발생할 수 있다. 현지에서 식료품을 생산하는 데 드는 에너지가 다른 곳에서 생산하여 운송하는 데 드는 에너지보다 오히려 더 클 수도 있기 때문이다.

최적의 시스템(직판, AMAP,[14] 또 다른 시스템?)은 무엇인가? 유통과 판매를 어떤 지역(기차역, 쇼핑센터, 소도시/지역 중심, 아니면 인구분산 지역?)에 집중해야 하는가?

연구방향 3:
밀집도 높은 도시와 도농 지역 – 실천의 교환?

도농 지역마다 회복탄력성[15]이 다르다. 이는 도시 공간의 밀집도 및 인구밀도뿐 아니라, 특정 도농 지역이 어느 지방에 있는가, 가장 가까운 도심은 어디인가 등에도 달려 있다. 그렇다면 도농 지역과 그 주

13　이 정의는 70쪽 참조.

14　농업유지를 위한 농민협회Associations pour le Maintien d'une Agriculture Paysanne. 소비자와 현지 농민 간의 계약을 통해, 농민이 자기 농장의 생산물을 꾸러미에 넣어 배달하도록 권고하고 있다.

15　이 정의는 75쪽 참조.

민들의 실천의 지속가능성에 영향을 주는 촉매는 무엇인가? 도농 지역의 도시 공간에서 차용할 만한 적응 모델이 정말로 있다면, 마찬가지로 이 적응 모델을 적응, 전유, 진화 역량을 지닌 농촌 공간 및 도시 공간의 모델과 비교해야 하지 않을까? 이것은 어떤 공간 유형이나 공간 모델을 단지 이러저러하게 규정하는 문제가 아니라, 가장 나은 실천을 분석하고 특정 영역에 맞는 가장 나은 이동적 삶을 강조하는 문제이다.

연구방향 4:
공공 개입과 자체 관리의 균형 찾기

마지막으로 제도적 개입(관리와 개발)과 개별적 협력 및 상호부조 운동 사이의 연결 문제에 관심을 가져야 한다. 마르크 뒤몽은 이 두 유형의 행동을 연결하는 것은 아무리 어려워도 반드시 필요하다고 강조했으며, 베누아 콩티도 좀 더 검토할 가치가 있는 일이라고 말한다. 이른바 '상향식' 시민 활동을 정부가 조직하는 문제, 특정 실천이 보편적으로 적용 가능하지는 않다는 문제는 도농 지역의 대안적 모빌리티 실천에 있어서 본질적으로 중요하다.

대안 모빌리티의 활성화

프랑스국유철도회사SNCF는
도농 지역의 모빌리티 실천을 혁신하고 있다.
SNCF 임원 두 사람이 모바일 라이브스 포럼의
2차 회의에서 관찰한 바에 대해 답변한다.

육중한 인프라에 기초한 교통 해법을 구조적으로 제공하는 것보다 더 우선적이고 중요한 것은 이용자의 모빌리티 실천을 이해하는 것이다.

- 버스 및 기차의 전통적 이용 방식이 일정·비용·위치의 측면에서 볼 때 모두에게 적합한 것은 아니다(노인, 저소득층, 청년, 비정규 노동자, 실업자 등).
- 어떤 사람은 새로운 서비스에 접근하는 데 필요한 디지털 기기를 잘 활용하지 못한다. 카풀 검색이나 경로 검색을 제공하는 홈페이지, 스마트폰의 GPS 앱이나 실시간 교통정보 등이 그렇다.

한마디로 유연하고 응답적인 모빌리티 시스템을 발전시키려면 수많은 실천 방식과 장애를 고려해야 한다.

이런 유형의 모빌리티 시스템은 특히 현재의 환경문제 때문에 반드시 필요하다. 주민의 요구에 더욱 부응함으로써 이용자가 승용차 이용을 어느 정도 포기하고 더 친환경적이며 저비용의 집단적 교통수단을 사용하도록 만들 수 있기 때문이다. 이런 교통수단을 대안 모빌리티[16]와 결합함으로써, 미래의 도농 지역에서 지속가능한 교통 해결책을 만들 수 있다.

---

16 이 정의는 84쪽 참조.

길 걷기

모바일 라이브스 포럼은 2013년 6월 대★보르도에서 실험적 프로젝트를 시작했다. 조경학자이자 민속학자인 뤼카 델라포스Lucas Delafosse와 도시계획가이자 조경학자인 스테판 말레크Stéphane Malek가 케올리스Keolis사 및 도시개발 에이전시와 더불어, 대중교통과 연계하여 도보 이동을 증진하는 실험적 방안을 고안하고 시험하는 계획이다. 이 프로젝트는 (이동수단으로서 흔히 간과되는) 보행이 대중교통과 결합된다면, 교통사업자와 지역공동체가 맞닥뜨린 (교통량, 공해, 노선 종착 구간 이용 부족과 관련한) 난제에 대한 올바른 해결책을 제공할 수 있을 것이라고 예상한다.

두 연구자는 보행을 교통수단으로 볼 뿐 아니라, 무엇보다도 환경 및 도시와 민감하게 관계를 맺는 신체적 체험으로 본다. 교통 실천을 도보 이동 쪽으로 전환하는 데 이바지하려는 이 실험적 기획의 핵심은 공간을 인식하는 방식, 그리고 이동에서 공간이 지니는 잠재성에 영향을 주는 것이다.

이 실험은 특히 도농 지역에서 수행될 것이다. 그 과제는 운전자가 승용차 이용을 줄이고 도보와 대중교통을 결합하여 출퇴근하도록 만드는 것이다. 연구자들은 애초에 승용차 때문에 생겨난 이 지역의 잠재성을 연구하기 위해, 마치 작가가 하는 것처럼 이야기를 만들고 각 지역을 연결할 것이다.

목적은 보행 문화를 증진함으로써 '걷기 좋은' 환경을 새롭게 이용하도록 자극하는 것이다. 지역의 환경이 '걷기 좋은' 특징을 지녔으나, 이제까지 지배적인 '승용차로만'이라는 태도 때문에 이 특징이 가려져 왔다. 2년 동안 진행될 이 프로젝트에는 지도, 인터뷰, 이용자 따라가기, 테마 보행로, 여럿이 걷기, 인터넷 출판 및 도서 출판 등이 포함될 것이다. 도농 지역에서 매일 승용차로 이동하는 30여 명의 주민을 약 1년간 추적 조사하여, 연구자들의 제안이 연구 참여자의 모빌리티 실천에 어떤 영향을 미쳤는지 측정할 것이다. 이 실험 결과를 통해서, 모바일 라이브스 포럼은 도농 지역에서 다른 교통수단, 특히 대중교통과 결합한 도보 이동을 촉진하는 권고안을 제출할 것이다. 이 프로젝트는 인구밀도가 낮은 지역에서 승용차에서 벗어나 화석연료를 덜 쓰는 이동 수단으로 전환할 가능성, 그리고 특히 이를 실행하도록 고무할 여러 방식을 시험할 가능성을 발견하는 데 이바지할 것이다.

"덜 개인적이고 더 포섭적인 모빌리티를 촉진하고 용이하게 해야 한다"

장-루이 주르당은 프랑스국유철도공사SNCF의 지속가능한발전위원회 위원장이다. 철도 기업의 친환경 모빌리티를 진두지휘하는 그의 과제는 기차를 넘어 지속가능한 교통수단을 개발하는 혁신과 기획을 실행하는 것이다. 특히 주목할 것은 그가 카풀 서비스, 자동차 공유서비스,[17] 급행 소형버스를 선보이는 사업의 책임을 맡고 있다는 것이다. 이를 통해 ('역에서 역으로' 대신에) '집에서 집으로door-to-door' 이동을 제공하려는 것이다.

근교에 대해 어떻게 전망하시나요?

지난 2년 동안 포럼은 변두리 지역이 그렇게 나쁘지만은 않다는 것을, 그러니까 이 지역의 소득이 그리 낮지 않고 에너지 소비가 그리 높지 않다는 것을 보여 주었습니다. 이번 2차 회의는 선입견을 교정하는 자리였지요. 우선 근교 공간이 우리의 필요에 부응하여 생겨난다고 말

---

17 이 정의는 110쪽 참조.

할 수 있습니다. 바로 도시가 확장하고 있기 때문입니다. 도시 지역의 구조가 변하고 있고, 그래서 도시와 관련된 사람들에게 도심, 공공서비스, 소비 장소, 직장에의 접근성이라는 문제가 생겨납니다.

어떤 사람들은 대도시화가 계속될 거라고 믿습니다. 도시가 점점 커지고 도심으로부터 더욱더 바깥으로 확산될 거라고 생각하는 겁니다.

그러나 이런 추세는 향후 여러 장애를 겪을 것입니다.

- 작금의 경제적 침체로 일부 사람들은 직장이나 서비스에 접근하기 어려워졌습니다. 휘발유를 사거나 자차를 유지하거나 새 차를 구매하기 어려워진 거지요. 하지만 승용차는 근교 모빌리티에서 여전히 지배적인 교통수단입니다.

- 또한 단독주택 때문에 근교에서 살기로 선택한 사람은 아마 에너지 비용이 늘어났을 것입니다. 개인적으로 저는 사람들이 도심에서 떨어진 근교 지역 거주와 모빌리티에 드는 희생 사이에서 하나를 선택해야 한다면 앞으로도 근교에 사는 현재의 생활방식을 택할 것이라고 생각합니다.

그렇다면 문제는 이렇습니다. 이렇게 미래에 어려움을 겪을 사람들에게 어떤 형태의 모빌리티를 제공해야 할까요? 모빌리티 사업자로서 앞으로 다양한 교통수단을 운영하는 것(달리 말해 서비스 대상 범주에 부합하는 적절한 교통서비스를 다양하게 제공하는 것)이 목표라면, 이 문제는 결정적으로 중요합니다.

문제는 도로망과 철도망이 포화되었다는 것인데요. 철도망은 구조적 요소입니다. 철도망은 부챗살 네트워크를 만들기 때문입니다. 일드프랑스에서 특히 그렇지만, 프랑스를 비롯한 여러 국가의 주요 도시(인구 1백만 명 이상의 도시를 뜻하는 '백만도시')에서도 그렇습니다. 그러므로 거주 지역을 철도망 근처에 만드는 것은 단연 유리합니다. 그러면 많은 사람이 이 네트워크에 접근할 수 있으니까요. 하지만 그러려면 대대적인 투자가 필요한데, 오늘날 (지방이건 연방이건 간에) 공공 재정을 고려하면 어려움이 있지요. 이 점은 대파리를 둘러싼 토론에서도 나타납니다. 그래서 현실적으로 생각할 필요가 있습니다. 앞으로 (도로를 포함해서) 주요 인프라를 건설하는 일은 없을 것입니다. 전차나 전차-기차[18]나 기타 어떤 것도 마찬가지입니다. 프랑스의 고령화 문제도 있습니다. 향후 약 20년 동안 60세 이상 국민이 3천만 명이 넘을 텐데, 이들의 모빌리티 수요는 변화할 것입니다. 이들을 수용할 수 있도록 만들어야 합니다.

바로 이 때문에 다양한 네트워크와 공유 교통수단을 연결해야 한다는 문제가 생깁니다. 공유하면 유연성이 커집니

---

18 (역주) 전차-기차tram-train은 전차 궤도와 전통적인 열차 궤도를 모두 사용하는 전차 노선.

다. 카풀, 합승택시,[19] 승용차 공유, 급행 소형버스 등이 그렇지요. 이런 방안 덕분에 도심으로부터 두세 번째 동심원에 있는 순환도로 부근의 인구 분산 지역이나 농촌 지역의 모빌리티 수요를 충족시킬 수 있습니다.

이런 교통수단이 아직은 짜임새가 별로 없고 인지도도 낮다는 점은 인정해야겠지요. 그래서 잘 부각되지 않고 있지만, 도로 인프라와 주차장의 정체를 해소하는 뛰어난 방법인 것은 분명합니다. 오늘날 도로를 달리는 차 1대에 평균 1.3명이 타고 있습니다. 1대의 승용차에 더 많은 사람이 타고 돈을 아낀다면 좋은 것이죠. 이용자에게나 공공 재정에게나.

다양한 교통수단을 운영하는 우리에게는 여러 네트워크를 영리하게 연결하는 것이 관건입니다. 매시간 한 방향으로 수만 명의 승객을 나를 수 있는 묵직한 지역 철도교통뿐 아니라, 운영비가 덜 들고 인프라가 덜 까다로우며 원거리 지역에도 도움이 되는 모세혈관 같은 시스템도 연결할 필요가 있습니다.

따라서 여러 네트워크들의 비즈니스 모델을 재검토해야 합니다. 우리는 이를 '운용'이라고 부르는데, (예를 들어 실시간 정보를 제공함으로써) 네트워크를 서로 연결하는 방식으로 활용하는 것입니다. 달리 말해, 이동하는 사람이

---

19 (역주) 개발도상국에서 시작된 모빌리티 방식으로서, 정식 택시가 아닌 개인이 운영하는 합승택시.

탈 수 있는 다양한 교통수단에 대한 정보를 지속적으로 제공하는 방식입니다.

여기에서 자금과 거버넌스의 문제가 생겨납니다.

오늘날 행정에는 여러 층위가 있습니다. 철도 같은 무거운 교통수단은 레지옹[20]에서 관리합니다.(일드프랑스에서는 STIF가 관리하지요.) 데파르트망 차원의 교통은 지역 당국에서 관리하고, 도시 차원의 교통은 지자체 연합에서 관리하지요. 이를 조율하여 모두 만족하는 비즈니스 모델을 찾아내는 일은 매우 난해하고 복합적입니다.

미래를 위해 어떤 길을 탐색하고 계신가요?

지리학자 장 올리브로Jean Ollivro의 책 《영토의 경제 L'Économie des territoires》에 이런 말이 있습니다. "도심과 근교는 연대할 수밖에 없다. 도심에서의 밀도 높은 활동이 가능한 것은 변두리 주민을 통해 활기차게 유지할 수 있기 때문인 것이다." 달리 말해, 파리의 가르니에 오페라하우스는 35킬로미터를 출퇴근할 수 있는 직원이 필요하지요. 여기에서 생기는 문제는 근교를 거주지로 선택한 이동적 주민과 이러한 모빌리티에 시달리는 도심 주민 사이의 관계입니다. 둘의 이해관계는 서로 겹칩니다. 도심은 근교 주민에게 일자리를 제공하고, 이와 동시에 도심은 근교 주

---

20 (역주) 레지옹région은 프랑스의 최상위 지방 행정구역으로서 프랑스 본토에 13개, 해외 지역에 5개가 있다. 데파르트망département은 차상위 지방 행정구역으로서 100여 개가 있다.

민 없이는 존재할 수 없습니다.

이러한 상호연결성은 미묘한 균형에 기초하고 있습니다. 만일 언젠가 에너지가 너무 비싸지면 오페라하우스 직원은 더 이상 수도로 일하러 오기 위해 휘발유를 살 수 없게 될 겁니다. 더 일반적으로는, 일드프랑스가 자신이 소비하는 상품의 1퍼센트만 생산한다는 점에 주목해야 합니다. 이 말은 이 지역의 회복탄력성[21]이 낮은 에너지 가격 유지에 전적으로 달려 있다는 것입니다. 모빌리티 문제는 미래 사회 변화의 중심에 있습니다.

이 점에 유념하면서 우리는 공동 이용을 발전시키고, (한 번의 이동에 평균 12유로가 드는) 전통적인 응답형 교통수단[22]보다는 비용이 덜 드는 대안적 교통수단을 공동체에 더 많이 공급해야 합니다.

마지막으로 카풀을 더 안전하게 만들어야 합니다. 그래야 유연성이 커지고 이용자를 안심시킬 수 있어요. 이는 비단 실용적인 문제가 아니라 지리적으로나 세대적으로 사회적 응집력과 연대를 키우는 문제입니다. 우리는 좀 더 포섭적이고 덜 개인적인 모빌리티를 촉진하고 용이하게 만들어야 합니다.

---

21 이 정의는 75쪽 참조.

22 이 정의는 110쪽 참조.

이런 모빌리티의 새로운 도전에 대응하기 위해 SNCF는 어떤 해결책을 실행하고 있습니까?

SNCF의 기욤 페피Guillaume Pepy 회장은 얼마 전 임원회의에서 2020년 계획을 선보였습니다. 이 계획은 회사가 제공하는 서비스의 범위와 전망을 다시 규정하고 있습니다. 오랫동안 SNCF는 일차적으로 기차역에서 기차역으로 연결하는 운송업체였습니다. 그러나 최근 이용자의 요구가 변했음을 알게 되었어요. 오늘날 이용자들은 집에서 집으로 연결하는 모빌리티를 원하고 있어요. 그래서 집에서 역으로 가는 최초 몇 킬로미터와 역에서 최종 목적지에 이르는 몇 킬로미터가 문제가 되고 있어요. 사람들은 한 지역에서 두루 쓸 수 있는 모빌리티 차표를 원합니다. 이미 13개 지역에서 환승 가능하도록 차표 시스템을 통합했는데, 이것으로 기차를 타고 승용차를 주차하고 셀프서비스 자전거를 빌리고 또 공유자동차[23] 예약 서비스도 이용할 수 있습니다. 이용자들이 선택할 수 있도록 여러 교통수단을 제공하는 방식은 분명 미래의 시스템이 될 것입니다. 이것은 현실적인 목표입니다. 기술적 요소야 이미 존재하니까요. 우리는 홈페이지(sncf.com)를 통해 이를 실행할 기술과 도구를 갖추고 있어요. 오늘날의 도전은 모든 대안적 교통수단 옵션을 하나로 묶어서 이용자에게 패키지로 제공하고 믿을 만하고 지속가능한 방안을 제공하는 것입

---

23 이 정의는 110쪽 참조.

니다.

마지막으로 잊지 말아야 할 것은 탄소 배출과 관련하여 가장 중립적인 교통수단은 여전히 기차라는 것입니다. 이렇게 말해도 좋다면, 이것은 오랫동안 철도가 도로보다 유리했던 점입니다. 그래서 SNCF는 에너지 관점에서 가장 실행 가능한 모빌리티 해결책을 제공하고, 특히 전기자동차를 사용하여 그야말로 탄소 배출이 전혀 없는 도어 투 도어 교통을 제공하는 데 있어 단연 유리한 위치에 있습니다. 놀랍게 보일지도 모르지만 SNCF의 미래 경쟁자는 전통적인 교통운수 사업체가 아니라 거대 건설회사, 인터넷회사, 통신회사일 것입니다. 이들은 시스템을 집단화하고 소프트웨어를 관리하고 고객 선택을 인도할 것이며, 고객이 스마트폰이나 SNS를 통해 이 새로운 모빌리티 상품의 공급과 수요를 연결할 수 있도록 할 것입니다.

"목표는 이동하는 사람의 새로운 리듬에 적응하는 것"

에릭 샤레롱은 SNCF의 자회사인 케올리스Keolis의 판매마케팅 이사다. 이 회사는 프랑스와 전 세계에서 (전차, 버스, 지하철, 시외버스 등) 지역 교통수단을 제공한다. 이러한 업무의 일환으로 생활방식과 이동을 대규모로 조사하는 '케오스코피Keoscopie' 프로젝트를 출범시켰다. 이 조사의 목표는 케올리스의 접근 방식을 혁신하고 지역공동체에 봉사하는 새로운 아이디어와 구체적 해법을 제시하는 것이다.

근교는 어떤 '미지의 땅'입니다.

그렇습니다. 근교 문제를 다루는 데 있어 우리의 관점은 조금 빗나가 있습니다.

첫 번째 이유는 근교를 연구하는 사람들이 근교에 살지 않기 때문입니다. 그래서 종종 성급하고 잘난 체하고 왜곡된 결론으로 도약해 버립니다. 사실 근교에 사는 것을 거의 반사회적 태도로 여기고 있습니다. 마치 조그만 단독주택에 살면서 팀플레이를 거부하는 사람으로 여기는 것입니다. 그리고 친환경적이지 않고 가구당 차가 두세 대씩 있다고 생각합니다.

두 번째 이유는 우리가 근교에 대해서 틀린 이미지, 종종 부정적인 이미지를 가지고 있기 때문입니다. 그렇지만 현실적으로 근교에 1,400만 명의 국민이 살고 있는데 이들을 얕잡아보면서 어떤 프레임 안에 가둘 수는 없는 일입니다. 프랑스 국립통계경제연구소가 규정한 것처럼, 근교는 일차적으로 소규모 도농 공동체입니다. 따라서 단순히 교외와 혼동해서도 안 되고 무질서하게 뻗어나가는 주택가로 여겨서도 안 됩니다. 실은 프랑스의 근교 소도시 인구는 대개 400명에서 1천 명 사이입니다. 보르도나 리옹 같은 거대 도시 지역 근처에 있는 인구 2천 명 이상인 중소도시들은 오히려 예외입니다.

또 다른 특징은 대개의 경우 근교 주민은 거기 살기를 선택했다는 것입니다. 즉 도시적 생활방식에서 벗어나 보다 푸르고 조용하고 평화로운 환경에서 살기를 선택했다는 것입니다. 우리는 성별이나 연령에 무관하게 이 사람들이 거기 사는 데 매우 만족한다는 점을 잊어서는 안 됩니다. 65세 이상인 사람들에게는 이것이 심지어 인생의 이상입니다. 대부분의 젊은 사람들도 마찬가지이고요.

우리는 이들에 대한 질적 연구를 통해 이런 거주지를 선택한 이유를 조사했습니다.

• 당연히, 단독주택에서 살기 위해서입니다.

- 안전, 특히 아이들의 안전을 위해서입니다. 근교에서는 아이들이 마당에서 놀 수 있고 꽤 괜찮은 학교에 걸어서 갈 수 있습니다.
- 유쾌함 때문입니다. 서로 가깝게 지내기 때문에 사회적 네트워크가 비교적 좋습니다. 페이스북에서가 아니라 현실에서 그렇다는 거지요.

도시를 떠나기로, 도시의 불편함을 떠나기로 일단 마음먹으면, 주거지는 소득에 의해 결정됩니다. 땅값이 도심에서는 아주 비싸지만 (지자체 공공주택이 있는) 반경 3~4킬로미터까지 크게 떨어집니다. 반경 약 8킬로미터부터는 급등하고 약 15킬로미터부터는 다시 감당할 수준이 됩니다. 마지막으로 잊지 말아야 할 점은 오늘날 근교 지역에 일자리가 꽤 늘었다는 것입니다. 보르도를 예로 들어보지요. 1990년에서 2008년까지 약 20년 동안 일자리의 80~85퍼센트(7만 2천 개 이상)가 도심 바깥에서 생겼고 도심에서는 8천 개 밖에 생기지 않았습니다. 앙제나 오를레앙 같은 중간 크기 도시에서는 일자리의 3분의 2가 인근 읍면에서 생겼습니다.
쇼핑 구역, 대형마트(프랑스에서 1,300개 이상), (영화관, 콘서트홀, 문화센터가 있는) 거대 문화복합시설도 있습니다. 따라서 몇몇 사회학자가 말하듯이, 도시에 가까운 시골에 살면서 시골에 가까운 도시를 자주 방문할 수 있습니다.

모빌리티를 올바르게 규정하려면 사람들의 행동을 해독해야 하는 것인가요?

먼저 모빌리티를 이해해야 합니다. 우리는 1970년대로부터 물려받은 생각에 아직도 미혹되어 있습니다. 출퇴근 이동이 모든 것을 좌지우지한다는 생각이지요. 그러나 사실 통근은 모든 이동의 20퍼센트밖에 되지 않습니다. 이 말은 열 번의 이동 중 여덟 번에서 직장은 목적지도 아니고 출발지도 아니라는 것이지요.

근교 주민의 첫 번째 목적지는 군청 소재지입니다. 이런 곳이 여전히 유지하는 유인력은 중등학교, 슈퍼마켓, 음악 시설 등이지요. 두 번째 목적지는 주거밀집 지대로 진입하는 허브인데, 가령 리옹 지역의 생프리스트에 있는 포르트 데알프 같은 곳이지요. 여기에는 영화관, 학교, 회사, 대형 쇼핑센터 등이 있기 때문입니다.

도심은 근교 주민에게는 세 번째 목적지일 뿐입니다. 그러나 문제는 대중교통 흐름과 도로망이 도심으로 가는 사람을 위해 설계되었다는 것입니다. 역설적입니다. 에브리라는 도시를 예로 들어볼까요. 주민의 14퍼센트만 파리에서 일합니다. 나머지는 인근 지자체에서 일하지요. 그러니까 이동을 조직하는 것이 정말 어려워집니다.

미래를 위해 어떤 해결책을 탐색하고 계신가요?

우리는 자원을 최적화하고 제안된 해결 방안을 실행해야 합니다. 젊은 사람이나 차 없는 사람을 위해서는 유연한 교통 방안을 발전시켜야 할 것입니다. 그래서 지나치게 비싸거나 불리한 조건(전화 선불예약이나 출발 비보장 서비스)의 종래의 응답형 교통[24]보다 이런 방안을 우선시해야 합니다.

우리가 서비스하는 주변의 몇 개 읍면을 통합하는 것도 아이디어입니다. 이용자는 정규 운행시간이 아니더라도 정규 노선을 연결해 주는 서비스를 받을 수 있지요. 사람들이 너무 흩어져 있는 지역에서 이런 서비스가 필요한 경우에 말입니다.

케올리스에서는 이런 서비스를 '플렉소'라고 부릅니다. 아이디어는 간단합니다. 도시 외곽으로 가려고 할 때, 버스는 역, 도심, 각종 활동센터, 경기장, 영화관 등에서 떠납니다. 일정과 출발은 보장되어 있습니다. 그저 버스에 탄 다음 기사에게 어느 정류장에서 내리겠다고 말하면 되지요. 그러므로 각 노선은 넓은 지역을 담당합니다. 두 개에서 네 개의 정규 버스 노선에 해당하는 지역이지요. 시간표는 융통성이 있습니다. 이용자의 요구에 입각해서 운전기사가 시간표를 결정하기 때문입니다. 캉과 같은 몇몇 도시에서는 이런 서비스가 저녁 시간에 정규노선의 연장으로 활용됩니다. 시간표가 있는 노선을 새로운 방식으로 발전시킨 것입니다. 목표는 이용자 생활의 새로운 리듬에 적응하는 동시에, 프랑스 국민의 25퍼센트를 차지하는 자가용

---

24 이 정의는 110쪽 참조.

없는 사람들에게 더 많은 가능성을 제공하는 것입니다. 다양한 교통수단의 조합을 통해 우리는 최적화된 도어 투 도어 해법에 도달합니다. 사람들의 생애주기에 주목해야 합니다. 18세 이하 청소년은 중고등학생이지만 나름의 삶도 있습니다. 우리는 오직 아침 7~9시와 오후 4시 30분~7시 사이의 통근자만 수용함으로써 고객의 충성도를 유지하고자 하지 않습니다. 통근자는 20년 전과 다릅니다. 우리가 이런 서비스를 집중적으로 제공하려는 주요 노선에서는 저녁 10시까지는 대중교통을 이용할 수 있어야 합니다. 하루 중 매 시간마다 나름의 해법이 필요합니다. 즉, 저녁 10시 이후의 버스나 미니버스, 자정에 출발하는 택시 등이 그렇습니다. 유연한 해법을 어떻게 제공할지를 알아야 합니다.

세 개의 관점

모바일 라이브스 포럼은 2차 회의 행사를 마치면서
그 비전을 공유할 세 파트너에게 발언 기회를 넘긴다.
세 개의 국가, 세 가지 학문, 세 가지 관점.

본질적으로 예술적인 접근?

기욤 로제*Guillaume LOGÉ*_프랑스, 예술자문

도농 지역에 대한 대부분의 연구는 도농 지역의 실체를 포착하는 것의 어려움을 보여 준다. 도농 지역은 그 구조나 활용이 복합적이기 때문에, 우리에게 익숙한 범주들로 깔끔하게 나눠지지 않는 것 같다. 이와 관련하여 우리는 예술에서 어떤 실제적인 도움을 발견할 수 있을까? 예술이 사회적 관점에 있어서 결실 있는 기여를 할 것으로 기대한다면, 예술은 무엇보다 지적인 태도와 새로운 습관을 요구한다. 현실을 좀 더 깊이 이해하고, 혁신적 해법을 통해 문제를 이해하고 해결하는 새로운 방식을 상상하려면 무엇이 필요한가? 그것은 학문 간의 경계를 무너뜨리고 독창적 비교를 통해 실험을 감행하며 기존의 생각을 의문시하고 분석의 각도를 변화시키는 것, 한마디로 개방적이고 불온한 사유실험실, 즉 예술가의 사유실험실을 만드는 것이다.

예술가들은 우리의 습관적 접근법을 뒤흔드는 다양한 관점을 드러낸다. 예컨대, 나폴리 도농 지역의 풍경을 담은 마리아 테레자 알베스Maria Thereza Alvez의 연작 사진은 우리에게 탐색이 필요한 도농 경관의 부스러기들을 발견하게 해 준다. 시선이 열리면서 모든 감각이 깨어나면, 우리의 정체성이 확장되고 우리는 다른 사람이 보지 못하는 것을 보는 지점까지 이끌려 간다(폴 클레Paul Klee의 유명한 말을 떠

올리자. "예술은 이미 보이는 것을 복제하는 것이 아니라, 보이게 만드는 것이다"). 정체성을 둘러싼 이런 노력은 너무 자주 예술가의 접근을 등한시한다. 예술적 접근을 통해 이 노력은 상상되지 않은 특징을 드러나게 할 수 있으며, 그 특징 위에서 대부분의 구체적 해법이 생겨나거나 강화될 수 있다.

예술가는 과잉이나 유토피아로 잘못 빠져들 때조차(예컨대 판 리스하우트 아틀리에의 퍼포먼스) 현실에 대한 이해를 성장시킨다. 그러므로 예술가는 우리 연구의 자료 자체를 풍부하게 하며 종종 구체적 해법으로 이바지한다. 이는 요셉 보이스Josepf Beuys의 말을 증명한다. 그에 따르면, "사회를 재조직하는 데 성공하려면" 예술이 "그 어떤 활동 분야에서도 미래의 생산을 위한 출발점이 되어야 한다."

도농은 집단적으로 지속가능한가?

카트린 모랑시*Catherine Morency*_캐나다, 엔지니어

모바일 라이브스 포럼의 회의는 핵심적인 물음을 하나 던졌다. '도농은 지속가능한 모빌리티 행동을 지지하는가?' 캐나다 퀘백의 도시 환경에서 지속가능한 모빌리티를 탐색하는 프로그램의 연구 책임자인 내게 이 물음은 절실하다. 도농은 퀘백의 지속가능한 교통을 위해 어떤 역할을 할 수 있는가? 우리는 어떻게 메트로폴리스 지역의 지속가능성 평가에 도농 공간을 통합할 수 있는가?

이틀 간의 토론이 끝나고 공통적인 결론이 도출되었다. 근교는 이제 도시에 뿌리내린다. 그러므로 도시/근교 이분법은 프랑스에서나 퀘백에서나 더 이상 모빌리티(들)의 문제를 다루는 데 적절하고 객관적인 도움을 주지 않는다.

이 회의는 그 핵심 주제의 토대를 파 내려감으로써 몇 가지 주장을 내놓았다.

- 젊은이들은 승용차의 인질이다. 대중교통 서비스가 부족한 도농 지역에 살면 학교, 여가시설, 상점 등으로 장거리를 이동하기 위해 승용차를 이용할 수밖에 없고, 젊은이들은 자신을 데려다주고 데리고 오는 어른들에게 의존하게 된다. 이는 이들의 자율성에

어떤 영향을 미치는가? 미래에 이들이 승용차와 맺을 관계에, 그리고 이들의 모빌리티 선택에 어떤 영향을 미치는가?

- 집단적 공유 교통수단 서비스를 발전시킬 것. 도농 지역에서는 욕구들이 산만하다. 우리는 대중교통 서비스를 새롭게 생각해야 한다. 시간적·공간적 배치, 그리고 활용하는 교통수단 유형에 대하여. 다양한 모빌리티 수요에 좀 더 잘 응답하도록 응답형 교통수단과 공유자동차를 조직해야 한다.

- 상품을 운송하는 데 어려움이 커진다. 기술은 물리적 거리를 지운다. 활동, 상품, 서비스를 원격으로 구매할 수 있지만, 그래도 집으로 배달되어야 한다. 분산된 도농 지역에서 상품 운송 및 그 최적화에 대한 계측과 이해가 부족하기 때문에, 이것은 여전히 체계적 재정의가 필요한 커다란 문제다.

- 도시와 도농은 서로에게 영향을 미치는가? 도농에는 대형 쇼핑센터가 점점 더 많이 들어서고 있는데, (사람들을 끌어들이는 거대한 장소인) 이들의 영향력은 지역을 넘어선다. 이런 서비스는 도시 거주민의 모빌리티 실천을 지속가능하지 않게 만들거나, 그들의 이동 실천(교통수단 및 이동 거리)을 변화시키는가? 지역 경제에 미치는 영향은 무엇인가?

도농은 집단적으로 지속가능한가? 회의에서 발표 및 토론이 진행되면서 드러난 것은 이에 대한 대답이 한 가지가 아니라는 것이다. 그러나 분명한 것은 우리가 이를 더 깊이 탐색해야 한다는 점이다. 인구가 늘고 있는 도농 지역, 그리고 그곳의 다양한 공간적 유형은 우리에게 도전이다. 우리는 이 지역에서 모빌리티 수요를 올바르게 이해하고 교통 공급의 혁신을 이루며 지속가능한 전략의 정합성을 확보하기 위해 노력해야 한다.

블랙스완 신드롬[1] 피하기

자비어 칼리트리오*Javier Caletrio*_영국, 사회학자

모바일 라이브스 포럼의 2차 회의는 미래의 도전에 대응하기 위해 도 농 지역의 잠재력을 다루었다. 이 회의는 다양한 장소, 경험, 감수성 에서 나오는 목소리를 경청하고 대화하는 드문 기회였다. 인구의 86 퍼센트가 근교에 거주하는 영국의 비판적 사회학자로서 내가 누린 즐거움은 이 지역이 어떻게 새롭게 조명되는지를 더 상세하게 알게 되었다는 것이었다. 이러한 새로운 조명의 일환으로, 이 지역의 사회 적 · 경제적 · 공간적 역학에 대해 좀 더 복합적이고 긍정적인 관점을 드러내는 시도도 이루어졌다.

그러나 토론 중에 내가 지적한 것처럼, 이런 선의의 목소리 중 일부 는 도농 지역의 미래에서 한 가지 핵심적 요소가 지닌 중요성을 과소 평가했다. 그것은 바로 석유다. 도농 지역의 가정, 직장, 사교는 자동 차 모빌리티의 휘발유 문화에 강하게 의존하고 있다. 보수적으로 추 정하더라도, 현재의 소비 속도라면 전 세계 석유 매장량은 40년 후에 는 고갈될 것이다. 이러한 트렌드는 유가 상승으로 이미 나타나고 있 다. 문제는 석유에 대한 만족스러운 대안이 없다는 것이다. 석유 이

---

1   (역주) 예외적이고 발생 가능성이 없어 보이는 일이 실제 발생함을 뜻한다.

후의 미래를 대비할 플랜 B가 없는 것이다.

향후 몇 십 년 동안 도농 지역은 중요한 변화를 광범위하게 겪을 것이다. 미래 사회에 대한 연구들에 따르면 이러한 변화는 다양하다. 즉, 새로운 기술들을 통해 과잉 모빌리티를 불러오는 첨단 기술의 세계, 물리적 모빌리티는 매우 낮은 반면 대면대화를 대신하는 디지털 연결성이 높은 세계, 희소 자원 통제를 둘러싼 갈등이 매우 폭력적으로 일어나는 세계, 마지막으로 가정 · 친교 · 여가 · 업무가 근린을 중심으로 재조직되어 저탄소 경제와 사회로 질서정연하게 전환하는 세계 등이 가능하다.

하지만 이러한 사회적 미래는 예측이 아니다. 사회와 같은 복잡계는 그 정의상 예측이 불가능하다. 사회의 미래는 오히려 사회의 허약함을 발견하는 도구로 받아들여야 한다.

우리 회의에서 토론한 것처럼, 궁극적으로는 도농 지역은 승용차 의존성의 최소화라는 변화에 어느 정도 성공적으로 적응하면서 새롭게 발명될 것이다. 그리고 이 과정에서 가장 성공적인 지역은 블랙스완에 저항력이 있는 사회-기술적 시스템을 구축하는 지역일 것이다. 블랙스완은 세계화되고 점점 더 복잡해지는 세계가 키우고 있는, 개연성은 낮지만 일단 일어나면 규모가 크고 충격이 강한 사건을 뜻한다. 이에 대한 적응은 수십 년, 수백 년, 심지어 수천 년 동안 우리와 함께했던 기술과 지식을 긍정적으로 재평가하는 일, 그리고 저비용으로 유지하고 보수하는 대규모 시스템을 발전시키는 일을 포함할 수도 있다. 심대한 불확실성의 시대에 직면하여 '디지털 인본주의'라는 이데올로기, 즉 새로운 디지털 기술이 모든 것을 해결할 것이라는 생각에 의존하는 것은 잘못이다. 이런 기술이 우리 삶을 쉽고 편하게 만든다는 환상이야말로 우리를 강건하게 만드는 것이 아니라 허약하게 만드는 것이다.

더 읽을 거리

Bauer G., Roux J.-M., *La rurbanisation où la ville éparpillée*, Paris, éditions du Seuil, 1976.

Berger A., 2007, *Drosscape: Wasting Land Urban America*, New York, Princeton Architectural Press.

Berger M., 2004, *Les périurbains de Paris. De la ville dense à la métropole éclatée*. Paris, CNRS éditions, 317 p. + CDrom.

Charmes E., 2011, *La ville émiettée. Essai sur la clubbisation de la vie urbaine*, Paris, PUF, coll. La ville en débat.

Collective work, 2007 "Individualisme et production de l'urbain", *Les Annales de la Recherche Urbaine*, n°102.

Collective work, 2007, "Vivre les espaces périurbains", *Norois*, n°207.

Collective work, 2013 "Périurbains. Territoires, réseaux et temporalités", *Actes du colloque d'Amiens, 30 septembre-1er octobre 2010*, Cahiers du patrimoine, n° 102, Lyon, éditions Lieux Dits.

Dodier R., 2012, *Habiter les espaces périurbains*, PUR, coll. Espace et Territoires.

Dubois-Taine G. & Chalas Y. (Dir.), 1997, *La ville émergente*, Paris, éditions de l'Aube, coll. Monde en cours.

Dumont M., Hellier E. (Dir.), 2010, *Les nouvelles périphéries urbaines. Formes, logiques et modèles de la ville contemporaine*, Rennes, PUR, coll. Espace et Territoire.

Indovani F., 1990, *La città diffusa*, Venise, DAEST.

Ingersoll R., 2006, *Sprawltown : Looking for the City on its Edge*. New York, Princeton Architectural Press.

Leinberger C. B., 2009, *The Option of Urbanism : Investing in a New American Dream*, Washington, Island Press.

Mangin D., 2004, *La ville franchisée. Formes et structures de la ville contemporaine*, Paris, éditions de La Villette.

Roux E, Vanier M., 2008, *La périurbanisation : problématiques et perspectives*, n° 8, La Documentation Française, DIACT.

Sieverts T., 2002, *Cities without Cities. An Interpretation of the Zwischenstadt*, London, Routledge.

Charmes E., Launay L., Vermeersh S., « Le périurbain, France du repli? », *La Vie des idées*, 28 may 2013.

http://www.laviedesidees.fr/Le-periurbain-France-du-repli.html

Lévy J., "Choix de société", *Espaces et Sociétés*, 2012/1, n°148-149, p. 201-209.

Lévy J., "Liens faibles, choix forts: les urbains et l'urbanité", *La Vie des idées*, 29 may 2013

http://www.laviedesidees.fr/Liens-faibles-choix-forts-les.html

Vanier M., "Dans l'épaisseur du périurbain", *Espaces et Sociétés*, 2012/1, n°148-149, pp. 211-218.

Aguilera A., Proulhac L., "Le polycentrisme en Île-de-France : quels impacts sur la mobilité?", *Territoire en mouvement*, 2-2006, p. 15-25.

Aguilera A., "Growth in Commuting Distances in French Polycentric Métropolitan Areas: Paris, Lyon and Marseille", *Urban Studies*, August 2005, Vol. 42, n°9, p. 1537-1547.

Bres A, Mariolle B., "De la ville de la courte distance à la ville polycentrique: densifier à partir des gares", *Transports urbains*, 2009, Mobilités-Réseaux-Territoires n°115.

Charmes E., "On the Clubbisation of the French Periurban Municipalities", *Urban Studies*, Vol. 46, n°1, 2009, p. 189-212.

Charmes E., "Suburban Fragmentation versus Mobilities. Is Suburbanism Opposed to Urbanism?" *Cybergeo*, n° 369, march 2007.

Desjardins X., Mettetal L., L'habiter périurbain face à l'enjeu énergétique, *Flux*, 2012.3, n° 89-90, p. 46-57.

Hesse M., "Suburbs: the next slum? Explorations into the contested terrain of social construction and political discourse", *Articulo - Journal of Urban Research* [Online], Special issue 3 ㅣ 2010, Online since 15 December 2010. http://articulo.revues.org/1552 ; DOI : 10.4000/articulo.1552

Korsu E, Massot M.-H., "The Potential of Transport and Land use Policy for reducing car use and daily distance: Paris region case study", WCTR conférences, Istanbul, 2004.

Wissen Hayek U., Jaeger J. A. G., Schwick C., Jarne A. and Schuler M., "Measuring and assessing urban sprawl : What are the remaining options for future settlement development in Switzerland for 2030?", in Applied Spatial Analysis and Policy, 2010.

Terrhabmobile, "Lorsque la mobilité territorialise.", *EspacesTemps.net*, 13. 05. 2013, http://www.espacestemps.net/articles/lorsque-la-mobilite-territorialise/